KOSMOS

Wassergärten

Schritt für Schritt

Peter Berwanger

Inhalt

Vorbereitung und Planung

Ob Abenteuer-Spielplatz oder Insel der Erholung, die Anlage eines Wassergartens lohnt sich immer. Voraussetzung für eine langjährige Freude an Ihrem Teich ist die sorgfältige Planung des gesamten Projektes. Dieses beginnt mit der Auswahl des richtigen Standortes und der Festlegung von Form und Größe. Nehmen Sie sich dafür genügend Zeit, denn einmal begangene Fehler lassen sich oft nur unter großen Mühen und entsprechend hohen Kosten beseitigen. Häufig befinden sich auch in Ihrer näheren Umgebung Teichanlagen, deren genauere Betrachtung lohnenswert ist. Fertige Becken aus Kunststoff, Folien oder Ton sind die vorrangigen Materialien zur Abdichtung des Gewässers. Die für Sie richtige Wahl hängt sowohl von der Größe des Teiches als auch von persönlichen Vorlieben ab. Überlegungen zur Sicherheit von Kindern sollten bereits in der Vorbereitungsphase getroffen werden.

Den Standort auswählen

Die Wahl des richtigen Teichstandortes *hat großen Einfluss auf den langfristigen Erfolg Ihres Vorhabens. Markieren Sie die in Frage kommenden Stellen durch das Auslegen eines Gartenschlauches und ermitteln Sie dabei Form und mögliche Größe des zukünftigen Gewässers. Sind diese beiden Faktoren festgelegt, sollte der gewählte Standort auf die zeitliche Verteilung von Sonne und Schatten überprüft werden. Auf der einen Seite darf das Teichwasser durch die Sonneneinstrahlung nicht zu stark erwärmt werden und auf der anderen Seite benötigen alle Teichpflanzen für optimales Wachstum ausreichend Licht.*

1 Sonneneinstrahlung beachten Gewässer mit einer maximalen Tiefe von bis zu 70 cm sollten nicht mehr als 4–5 Stunden Sonne pro Tag erhalten. Ist der Teich tiefer als 70 cm, kann die Besonnungsdauer durchaus bei 6–7 Stunden liegen. Fische sind für ein schattiges Plätzchen im Teich dankbar.

Sonne

Rohrleitung

Baum

2 Abstand zu Bäumen wahren Große Laubmengen können im Wasser nicht vollständig zersetzt werden und belasten somit das Teichklima. Auch Baumwurzeln sind in der Lage, Teichbecken auszuhebeln und die Folie zu beschädigen. Ein Abstand von mehreren Metern zum nächsten Baumbestand ist daher empfehlenswert.

3 Einsehbaren Standort wählen Ein nahe am Haus liegender Standort steigert die Attraktivität des Wassergartens. Pflanzen, Tiere und das Sprudeln von Wasser werden so intensiver wahrgenommen. Gute Beobachtungsmöglichkeiten und ein schneller Zugang erhöhen zudem die Sicherheit für Kinder (siehe Foto).

Wählen Sie den Standort Ihres neuen Gartenteiches in aller Ruhe aus.

4 Untergrund prüfen Prüfen Sie vor Beginn Ihrer Arbeiten den Untergrund des gewählten Standortes. Neben alten Fundamenten und Rohrleitungen können Bauschuttablagerungen zu manch unliebsamer Überraschung führen. Dabei sind sowohl Grundstückspläne als auch ein Gespräch mit den Nachbarn hilfreich.

5 Geländeform einbeziehen Auch die Geländeform eines Gartens spielt eine nicht unerhebliche Rolle bei der Planung und Anlage des Gewässers. Besonders natürlich wirkt der Teich an tiefer liegenden Stellen (Senken) im Garten. Dort bietet sich auch der Bau eines Bachlaufes oder einer Trockenmauer an.

6 Abstände bedenken Achten Sie bei der Anlage Ihres Wassergartens auf einen Abstand von mindestens 2 m zu Gebäuden, Zäunen und anderen Grundstücksgrenzen. Dies erleichtert sowohl den Bau des Wassergartens als auch die spätere Pflege des Biotops und beugt Ärger mit den Nachbarn vor.

Form und Größe festlegen

***Während der Suche nach dem optimalen Standort** entsteht meist schon ein erstes Bild von Form und Größe des zukünftigen Wassergartens. Dieser sollte sich harmonisch in eine bestehende Anlage einfügen und bereits vorhandene Formen von Gebäuden, Wegen oder Rabatten aufnehmen.*

Bedingt durch eine ausreichende Größe und Tiefe des Gewässers wachsen Ihre Gestaltungsmöglichkeiten und es stellt sich in Ihrem Biotop viel schneller ein biologisches Gleichgewicht ein. Ohnehin entsteht bei vielen Teichbesitzern schon nach kurzer Zeit der Wunsch, die Anlage zu vergrößern.

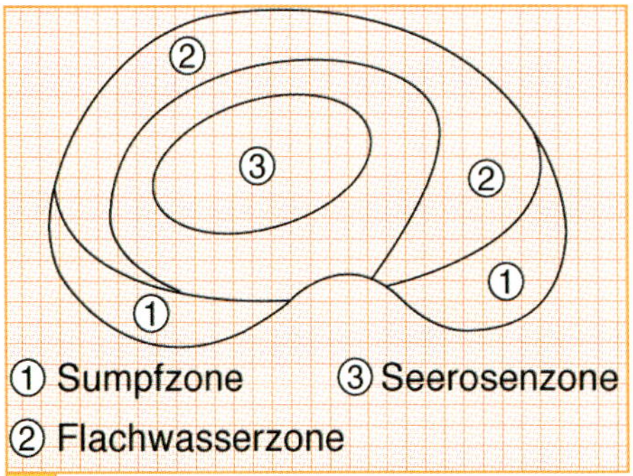

1 Einen Plan erstellen Vor dem ersten Spatenstich ist das Anfertigen eines maßstabsgetreuen Planes sinnvoll. In ihm können die Außenmaße und die unterschiedlichen Pflanzzonen festgelegt werden. Dadurch erhält man obendrein eine ungefähre Vorstellung über die Menge der notwendigen Materialien.

Lineal

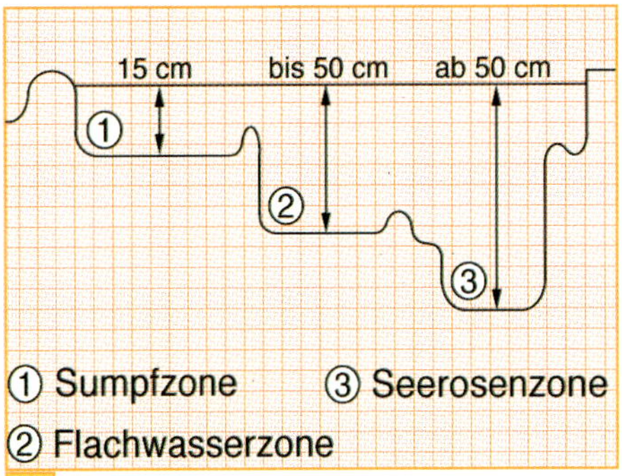

2 Tiefen und Zonen bedenken Während bei Fertigbecken die verschiedenen Pflanzzonen bereits mit in die Form eingearbeitet sind, können diese bei Folienteichen frei gewählt werden. Die jeweilige Tiefe der einzelnen Bereiche richtet sich ganz nach den Ansprüchen der Wasserpflanzen (siehe Seite 50–59).

3 Organische Formen Runde und geschwungene Formen wie z.B. die klassische Nierenform bieten sich vor allem bei naturnah gestalteten Gärten an. Besonders geeignet sind hierfür Teiche, die mit Folie abgedichtet werden. Diese können ganz individuell in die vorhandene Anlage eingepasst werden.

Zeichenstift

Millimeterblock

Der neue Teich sollte zum Stil des schon vorhandenen Gartens passen.

4 **Strenge Formen** Rechteckige und andere symmetrisch gestaltete Teiche eignen sich für Gartenanlagen mit strengen und klaren Konturen oder bei repräsentativen Anlagen. Die Abdichtung dieser Teiche erfolgt oftmals mit Beton. Die Bepflanzung beschränkt sich bei dieser Teichform auf ein oder zwei Pflanzzonen.

5 **Teiche kombinieren** Besonders reizvoll kann auch die Kombination aus zwei oder mehreren Teichen wirken. Als verbindende Elemente kommen dann kleine Übergänge oder Bachläufe in Frage. Eine langlebige und wasserdichte Verbindung von Fertigbecken und Teichfolie ist aber kaum möglich.

6 **Frei stehende, gemauerte Teiche** Sie werden zur besseren Abdichtung mit Teichfolie ausgekleidet. Dabei kann die Folie mit einer Aluminiumschiene an der oberen Kante festgeschraubt werden. Diese eher selten anzutreffende Teichform (siehe Foto) bietet sich vor allem bei wenig Platz und ungünstigem Untergrund an.

Teichbaumaterialien auf einen Blick

***Nahezu alle Materialien**, die Sie für den Teichbau benötigen (siehe Foto), erhalten Sie in größeren Gartencentern und den meisten Bau- und Heimwerkermärkten. Achten Sie bei der Wahl Ihrer Produkte in erster Linie auf die Qualität, die von den Markenherstellern mit langjährigen Garantiezeiten gewährleistet wird. In Anbetracht der eigenen Arbeitsleistung und auf Grund der Langlebigkeit von Qualitätsprodukten relativieren sich etwaige Mehrkosten recht schnell.*

Auf das Vorstellen von Betonteichen wird in diesem Buch verzichtet, da sowohl der Bau als auch die Instandhaltung sehr aufwendig ist.

1 **Fertigteiche aus Kunststoff** Becken aus PE (Polyethylen) sind stabil und gleichzeitig sehr leicht. Größen von 700 Litern werden nur selten überschritten. Solche aus GfK (Glasfaserverstärktem Kunststoff) fassen oft mehrere tausend Liter. Das hohe Gewicht und der spröde Werkstoff erschweren den Einbau.

Sand

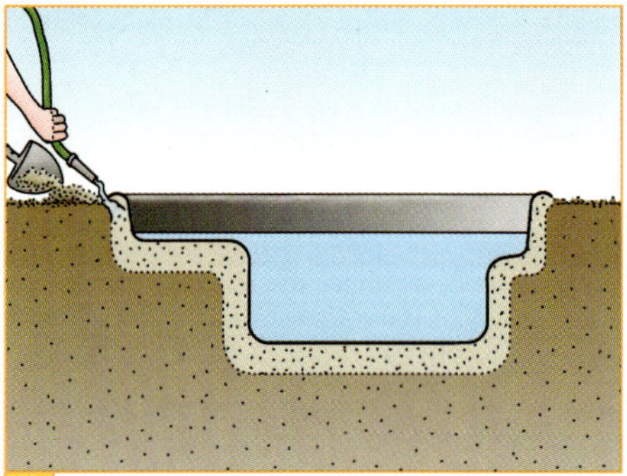

2 **Sand zum Einschlämmen** Unabhängig vom Material des Beckens sollte hierfür ausschließlich rieselfähiger Sand, z.B. Quarzsand, verwendet werden. Arbeiten Sie beim Einschlämmen des Teiches sehr sorgfältig, da Reparaturen an PE-Becken nicht und bei GfK-Teichen nur eingeschränkt möglich sind.

3 **Teichfolien** PE-Folien (Polyethylen) sind umweltschonend und preiswert. Die geringe UV-Stabilität begrenzt ihren Einsatz. PVC-Folien (Polyvinylchlorid) gelten als langlebig und liegen in der mittleren Preisklasse. Folien aus Kautschuk (EPDM) zeichnen sich durch Dehnbarkeit und hohe Lebensdauer aus.

Tonziegel

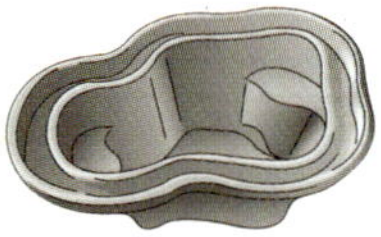

Fertigbecken

Fertigteiche eignen sich besonders für kleine Gärten und sind relativ schnell eingebaut.

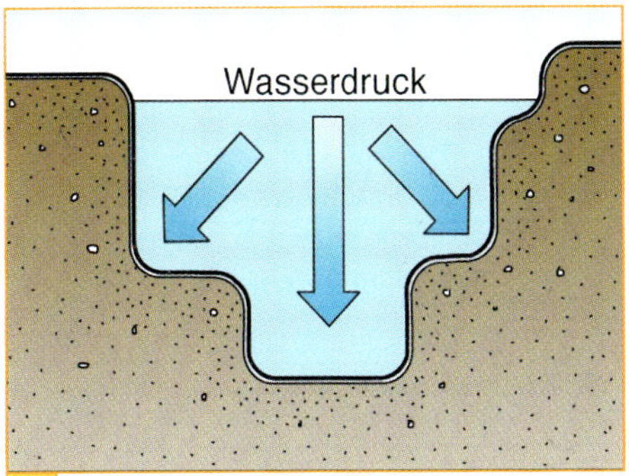

4 Die richtige Folienstärke Diese hängt in erster Linie von der Teichtiefe und dem damit verbundenen Wasserdruck ab. Bei Tiefen von maximal 50 cm ist eine Stärke von 0,8 mm ausreichend. Für Teiche bis 150 cm Tiefe eignen sich Stärken bis 1,2 mm. Folien von 1,5 mm Stärke sind für Schwimmteiche zu empfehlen.

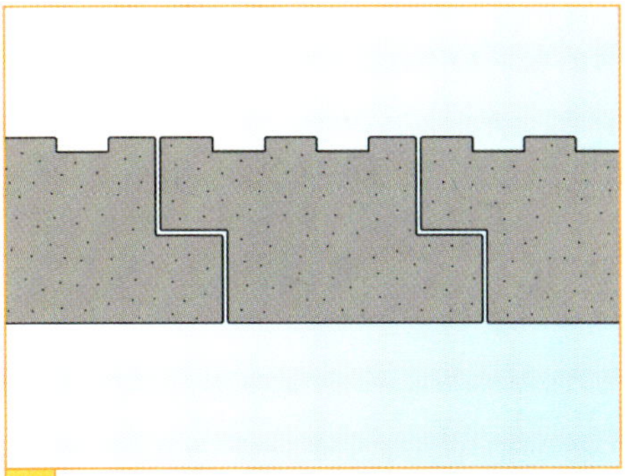

5 Ton- und Lehmelemente Beide gehören zu den natürlichen Teichbaustoffen. Die Verarbeitung dieser Materialien ist jedoch nicht ganz einfach. Auch spielt dabei der Kostenfaktor eine nicht unerhebliche Rolle. Während die Tonelemente oftmals als Ziegel angeboten werden, findet man Lehm meist in Pulverform.

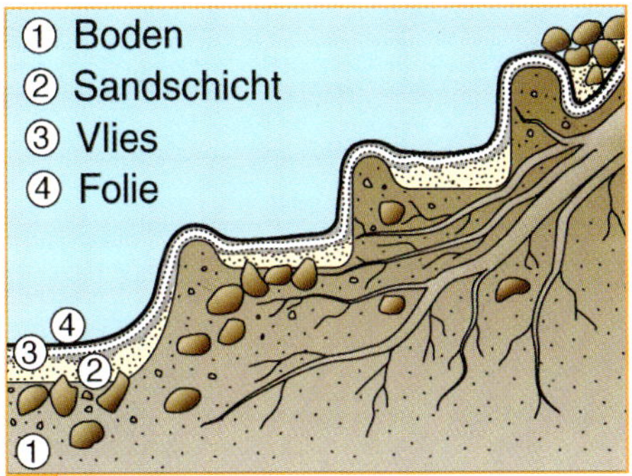

6 Schützende Teichvliese Sie werden sowohl bei Folien- als auch bei Tonteichen verwendet. Während sie im ersten Fall vor Steinen und Wurzeln schützen, verhindern sie im zweiten Fall das Durchmischen von Ton und Kies. Optimal sind Vliese aus Propylen mit einer Stärke von etwa 200 g/m².

Kindersicherheit ist oberstes Gebot

***Gewässer sind für Kinder** magische Anziehungspunkte und stetige Gefahrenquellen zugleich. Dieser hinlänglich bekannten Tatsache lässt sich in der Regel nur durch die Kombination verschiedener Vorsichtsmaßnahmen Rechnung tragen. Die gesetzlichen Regelungen finden sich dabei unter dem Stichwort „Verkehrssicherungspflicht". Diese bedeutet in erster Linie, dass jeder Gartenbesitzer dafür Sorge trägt, potenzielle Gefahrenquellen, die von seinem Grundstück ausgehen, entsprechend zu entschärfen. Bei Gartenteichen gibt es dazu unterschiedliche Gerichtsurteile, jedoch keine eindeutigen Vorschriften.*

großer Stein

1 Engmaschiger Zaun Keine sehr elegante, aber die wohl sicherste Methode, Kinder vor den Gefahren zu schützen, ist das Einzäunen des Teiches. Ein engmaschiger Zaun und eine Mindesthöhe von 80 cm sind dabei Grundvoraussetzungen. Die Zugangstür sollte auf alle Fälle abschließbar sein.

2 Einsehbar von Haus oder Terrasse Liegt der Teich in einem stark frequentierten Bereich des Gartens, der gut vom Haus oder der Terrasse aus eingesehen werden kann, vereinfacht dies die kontinuierliche Beobachtung der Kinder. Ergeben sich dann kritische Situationen, ist ein schnelles Eingreifen möglich.

Kinder

Schutzzaun

Achten Sie darauf, dass Kinder zugefrorene Teiche nicht betreten.

3 Ungefährliche Uferzone Flache und mit Steinen gefüllte Uferzonen ermöglichen ein nahezu ungefährdetes Planschen. Sie sollten jedoch für eine sichere Abgrenzung dieser Zone zu tieferen Bereichen sorgen. Kinder unter vier Jahren sind auch durch seichte Gewässer mit Tiefen unter 30 cm gefährdet.

4 Schützende Gitter Schutzgitter aus verzinktem Stahl oder Maschendraht mit einer Weite von maximal 6 x 6 cm sind gerade bei kleineren Teichen eine Überlegung wert. Der Nachteil dabei ist die geringe, aber kontinuierliche Abgabe von Schwermetallen, welche die Wasserqualität negativ beeinflussen können.

5 Nicht aus den Augen lassen Halten Sie sich stets in unmittelbarer Nähe von am Teich spielenden Kindern auf (siehe Foto). Dies gilt vor allem bei Kindern unter vier Jahren. Neben der bereits erwähnten Verkehrssicherungspflicht spielt bei allen Gerichtsurteilen auch die Aufsichtspflicht eine Rolle.

6 Kinder sensibilisieren Machen Sie die Kinder immer wieder auf die möglichen Gefahren, die von Gewässern ausgehen, aufmerksam und erklären Sie ihnen die richtigen Verhaltensweisen. Diese durchaus zeitintensive Vorgehensweise sichert ein sensibleres Verhalten der Kinder an fremden Gewässern.

Bau und Anlage

Auf welches Material Ihre Entscheidung letztendlich fällt, hängt von der Teichgröße, von den anfallenden Kosten und den persönlichen Vorlieben ab. Stehen Ihnen weniger als 5 m^2 Fläche zur Verfügung, ist die Verwendung eines Fertigbeckens vorzuziehen. Auf Grund der fast senkrechten Wände erreicht man dort auf relativ kleinen Grundflächen Tiefen von 50–70 cm. Dies wirkt einer schnellen Erwärmung des Wassers entgegen.
Folienteiche sowie Wassergärten aus Ton- oder Lehmelementen lassen einen wesentlich größeren Gestaltungsspielraum zu. Allerdings ist der Platzbedarf höher und sollte gerade bei den natürlichen Baustoffen nicht unter 40 m^2 angesetzt werden.
Für alle Teichformen gilt: Trennen Sie beim Aushub die oberste Bodenschicht vom Rest. Dieser so genannte Mutterboden ist oftmals sehr nährstoffreich und sollte keinesfalls als Pflanzsubstrat für den Teich verwendet werden.

Fertigteich – Becken einbauen

Die kleineren Becken aus Polyethylen *sind in der Regel sehr einfach und ohne großen Aufwand einzubauen. Weist der Standort nicht mehr als 4–5 Stunden Sonne pro Tag auf und ist für eine reichhaltige Bepflanzung gesorgt, dann hält sich zudem das Algenwachstum in Grenzen. Grundvoraussetzung dafür ist allerdings, dass von jeglichem Fischbesatz abgesehen wird.*
Etwas anders verhält es sich bei den großen GfK-Fertigteichen. Während ihr Einbau wesentlich komplizierter ist, sind die Gestaltungsmöglichkeiten ungleich größer. Auch ein an die Wassermenge angepasster Fischbesatz ist hier möglich.

1 Das Material auf einen Blick Fertigbecken, Ziegelsteine, Spaten, Schaufel, Spitzhacke, Wasserschlauch, Wasserwaage, Messlatte, Schubkarre und Sand.

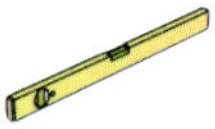

Wasserwaage

Schaufel

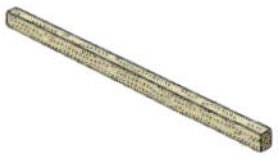

Holzlatte

2 Standort vorbereiten Stellen Sie das Becken an den ausgewählten Standort und unterlegen Sie es so mit Ziegelsteinen, dass es nicht kippt. Markieren Sie jetzt mit einem Spaten die Umrisse des Teichbeckens. Dabei ist darauf zu achten, dass das Loch 10–15 cm größer und tiefer wird, als die Beckenform vorgibt.

3 Teichgrube ausheben Beginnen Sie mit dem Aushub der Teichgrube und beziehen Sie dabei die vorgegebenen Pflanzzonen des Beckens mit ein. Dies ist wichtig, da die vorhandenen Bodenschichten gut verdichtet sind und das Becken somit auf einem gewachsenen Untergrund aufliegt, der sich nicht weiter absetzt.

Fertigteiche sind in den unterschiedlichsten Formen erhältlich.

4 Teichtiefen festlegen Der Außenrand der Teichgrube muss an allen Stellen die gleiche Höhe aufweisen. Dies lässt sich bei kleineren Anlagen sehr einfach mit Messlatte und Wasserwaage überprüfen. In diesem Arbeitsschritt können die unterschiedlichen Teichtiefen gemessen und angepasst werden.

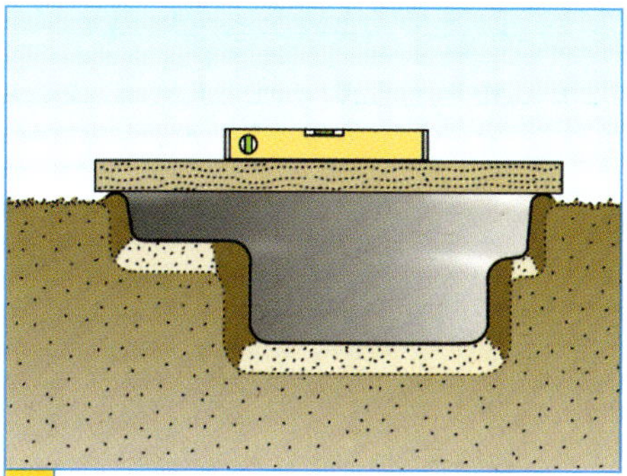

5 Das Becken ausrichten Auf allen waagrechten Flächen wird eine etwa 10 cm dicke Sandschicht aufgebracht. Dadurch wird einerseits die Ausrichtung des Beckens vereinfacht und andererseits ein optimaler Sitz garantiert. Nun wird der Fertigteich eingesetzt und mit Hilfe der Wasserwaage ausgerichtet.

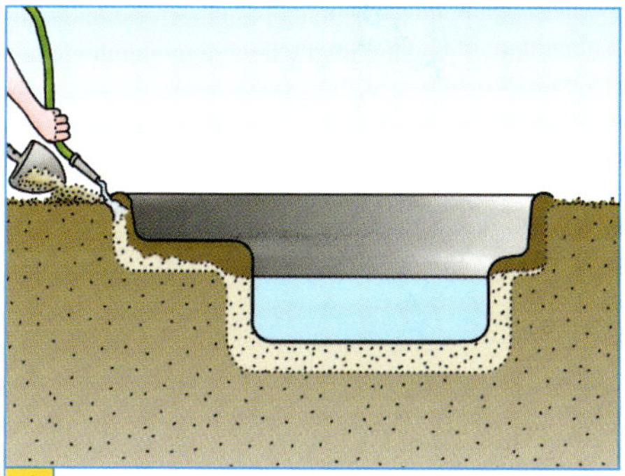

6 Zwischenräume füllen Um ein Aufschwimmen des Beckens zu verhindern, wird dieses bis zur Hälfte mit Wasser gefüllt. An den Seiten wird nun Sand und Wasser eingeschlämmt. Dabei ist der waagrechte Sitz des Teichbeckens zu überprüfen. Dieser Ablauf wird so lange wiederholt, bis alle Hohlräume mit Sand gefüllt sind.

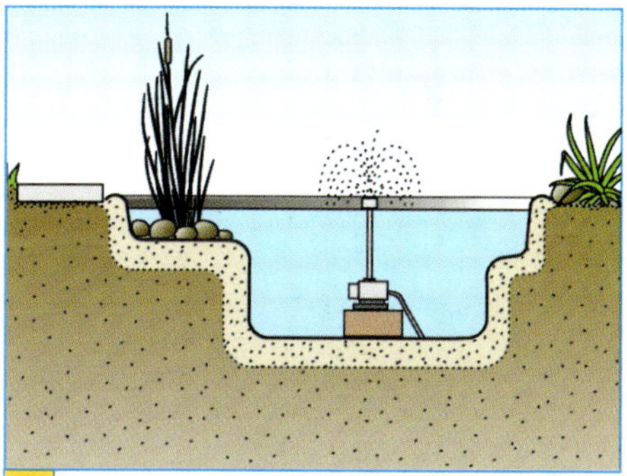

7 Wasser einfüllen und bepflanzen Ist das Becken vollständig eingeschlämmt, wird es komplett mit Wasser gefüllt. Die Wasserpflanzen in entsprechenden Körben in die dafür vorgesehenen Pflanzzonen stellen (siehe Seite 36 und 50 ff.). Auch das Einsetzen von Teichpumpen für Wasserspiele oder Bachläufe ist nun möglich.

Den Folienteich modellieren

Wohl am häufigsten anzutreffen sind Teiche aus Folie. *Die Gründe dafür sind vielfältig und einleuchtend. Das Material ist relativ günstig, die Verarbeitung recht einfach und zudem kann der Wassergarten in Form und Größe ganz individuell gestaltet werden. Am weitesten verbreitet ist dabei der Einsatz von schwarzer PVC-Folie mit einer Stärke von etwa 1 mm. Beim Kauf der Folie sollten Sie darauf achten, dass diese frei von Regeneraten, UV-stabil und überlappend verschweißt ist. Inzwischen gewährleisten viele Hersteller eine Garantie von mindestens zehn Jahren sowie das Recht auf Rückgabe zur Entsorgung.*

1 Das Material auf einen Blick Evtl. Minibagger, Folie, Vlies, große Kiesel, Maßband oder Meterstab, Spaten, Schaufel, Spitzhacke, Messlatte, Holzpfahl, Wasserwaage, Schubkarre, Sand und Wasserschlauch.

Spaten

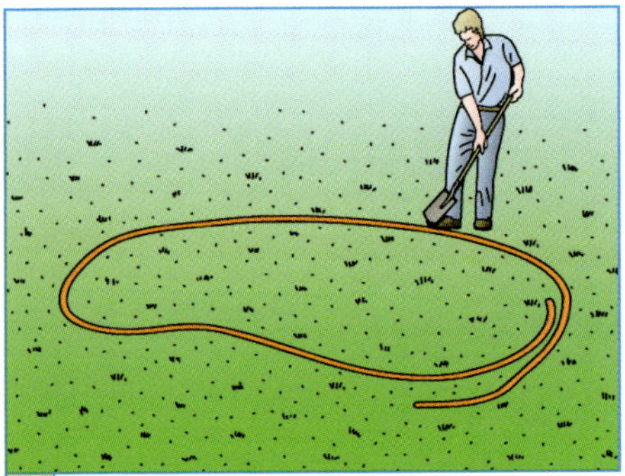

2 Teichfläche festlegen Der dafür verwendete Gartenschlauch dient gleichzeitig der Markierung von Form und Größe des Teiches. Entlang des Schlauches werden mit einem Spaten die Grassoden ausgestochen und beiseite gelegt. Der restliche Aushub kann als Wall aufgeschüttet oder im Garten verteilt werden.

3 Teichgrube ausheben Dies geschieht nach und nach. Dabei ist die Einarbeitung von unterschiedlich tiefen Pflanzzonen für das spätere Funktionieren der Teichbiologie (siehe Seite 42) besonders wichtig. Nachträglich modellierte Zonen sind möglich, jedoch auf Grund der mangelnden Stabilität nicht zu empfehlen.

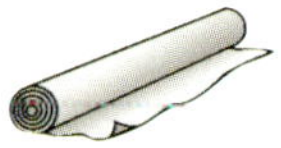

Teichfolie

Schubkarre

Den ausgehobenen hochwertigen Oberboden können Sie wieder im Garten verwenden.

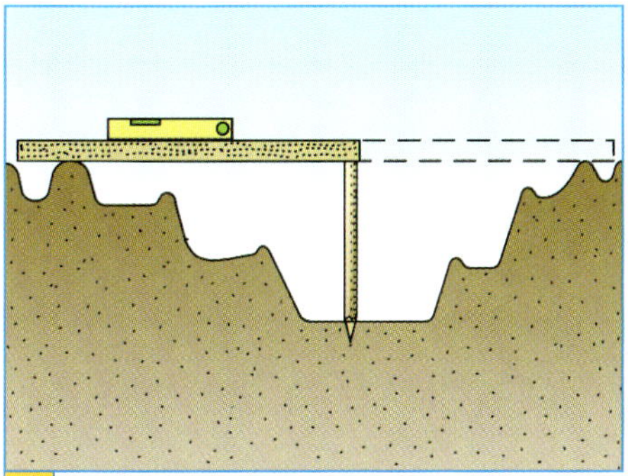

4 Seitenränder justieren Eine kleine Erhöhung am Ende jeder Zone verhindert das Abrutschen von Substrat und Pflanzen in tiefere Bereiche. Um das Auslaufen des Teiches zu verhindern, muss der Teichrand auf allen Seiten gleich hoch sein. Dies lässt sich mit Messlatte und Wasserwaage erreichen.

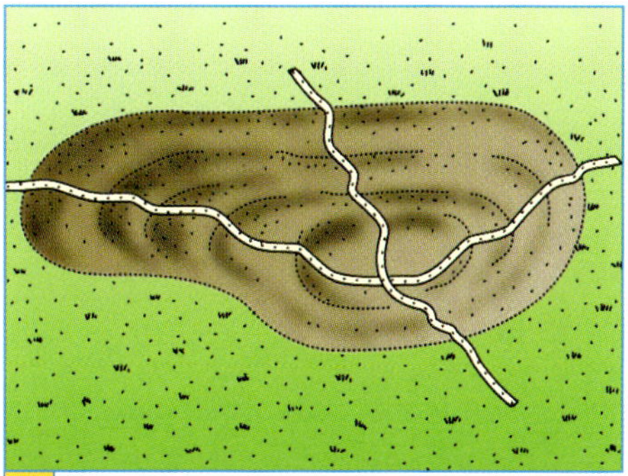

5 Foliengröße ermitteln Hierzu ein Maßband oder eine Schnur durch den Teich legen. Erfassen Sie dabei die Konturen des Teiches richtig und fügen Sie eine Randzugabe von 60 cm hinzu. Auch die Berechnung der Foliengröße ist möglich:
Folienlänge = Teichlänge + 2 x Tiefe + 60 cm
Folienbreite = Teichbreite + 2 x Tiefe + 60 cm

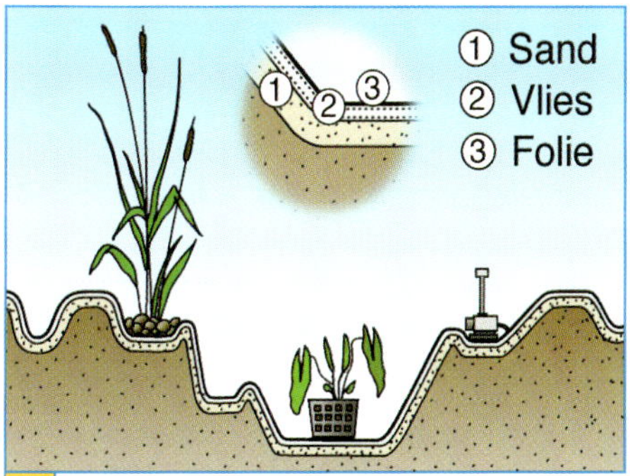

6 Vlies und Folie auslegen Tragen Sie auf alle waagrechten Flächen eine 10 cm dicke Sandschicht auf. Dann wird die Teichgrube mit einem Teichvlies ausgelegt. Legen Sie die Folie in die Teichmitte und beginnen Sie von dort mit dem Auffalten. Die Folie wird von den Außenrändern her in die endgültige Position gezogen.

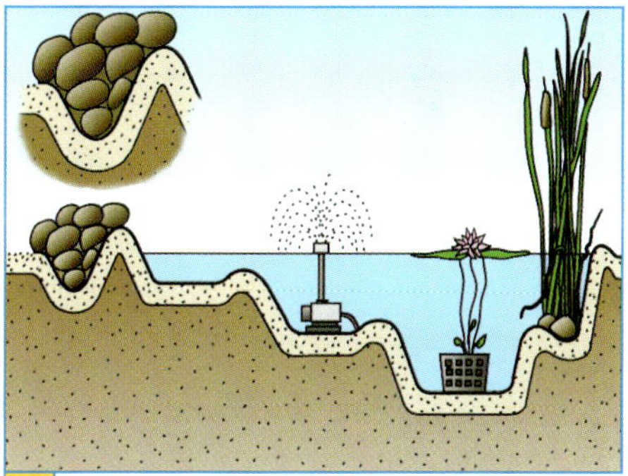

7 Teich befüllen und befestigen Nach dem Glätten der Folie können Pflanzen und Pumpen platziert werden. Die Teichgrube mit Leitungs- oder Brunnenwasser füllen. Nach 24 Stunden die überstehende Folie abschneiden. Die Befestigung erfolgt mit Steinen, die das Auftreten eines Kapillareffekts verhindern (siehe Seite 38).

Teichfolie *fachgerecht verkleben*

Eine dauerhafte und sichere Verklebung *ist nur bei Folien gleichen Materials mit dem dazu passenden Klebstoff möglich. Vor Beginn der eigentlichen Arbeit sollte der Vorgang an einem kleinen Muster „geübt" werden. Andere Verbindungstechniken wie z.B. Heißluftschweißen oder die Abdichtung mit einem Quellschweißmittel überlassen Sie besser einem Fachmann.*
Bevor Sie mit dem Verkleben von Folienbahnen beginnen, sollten Sie sich nach so genannten Sondermaßen erkundigen. Dabei handelt es sich um Teichfolien, die nach Ihren Größenangaben direkt vom Hersteller gefertigt werden.

1 Das Material auf einen Blick Klebstoff, Aceton, Lappen, Pinsel, Andrückrolle, Sandsack und eine ebene Unterlage, z.B. ein Brett.

Pinsel

2 Folie ausbreiten Legen Sie die zu verklebenden PVC-Folienstücke bei einer Außentemperatur von mindestens 20 °C ausgebreitet nebeneinander. Reinigen Sie anschließend die etwa 10 cm breiten Klebestreifen gründlich. Dieser Schritt gilt in gleicher Weise auch für Folien aus PE und Kautschuk.

3 Folie verkleben Unter die PVC-Folien wird eine ebene Unterlage, z.B. ein entsprechend breites Holzbrett, geschoben. Die zuvor gereinigten Streifen werden zuerst mit dem Klebstoff bestrichen und dann zusammengepresst. Während beim Verkleben von Kautschukfolien ähnlich verfahren wird, benutzt man bei Folien aus PE ein Klebeband.

Klebstoff

Sandsack

Sondermaße sind zwar etwas teurer, dafür garantiert der Hersteller die Dichtigkeit.

4 Klebestreifen nachbearbeiten Nach jeweils 20 cm sollte der Klebestreifen mit einer Rolle sorgfältig nachgearbeitet und anschließend mit einem schweren Gegenstand, z.B. einem Sandsack, beschwert werden. Auch bei Kautschuk- und bei PE-Folien ist ein Beschweren des Klebestreifens zu empfehlen.

5 Naht auf Schwachstellen prüfen Bis zur vollen Belastbarkeit der Folie ist eine Wartezeit von etwa 24 Stunden notwendig. Vor dem Einlegen in die Teichgrube die Naht gründlich auf mögliche Schwachstellen überprüfen. Noch ist eine Nachbehandlung mit Klebstoff oder einem zusätzlichen Folienstreifen möglich.

6 Folie reparieren Die eigentliche Schwierigkeit bei der Reparatur einer Folie ist das Auffinden der undichten Stelle. Ist diese lokalisiert, muss der Bereich getrocknet und gereinigt werden. Der Flicken sollte etwa die vierfache Größe des Loches haben. Zum Verkleben eignen sich nur Folien aus gleichem Material.

7 Flicken aufbringen Sowohl der Flicken als auch die Teichfolie werden mit dem passenden Klebstoff bestrichen und aufeinander gepresst. Planen Sie eine Wartezeit von etwa 24 Stunden ein. Bei allen Arbeiten mit Chemikalien unbedingt die auf den Packungen angegebenen Sicherheitsvorschriften beachten.

Tonteich – eine natürliche Alternative

***Die Anlage eines Gartenteiches** aus natürlichen Rohstoffen scheint auf den ersten Blick die ideale Bauweise zu sein. Näher betrachtet ergeben sich jedoch eine ganze Reihe an Einschränkungen, die unbedingt beachtet werden sollten. So liegt die Mindestgröße dieser Teichart bei etwa 40 m². Desgleichen entsteht beim Bau der Teichanlage ein nicht unerheblicher Mehraufwand an Arbeit und Kosten. Darüber hinaus ist die Untergrundbeschaffenheit von Bedeutung. Nur bei trockenen, festen und weitgehend gewachsenen Böden kann ohne weiteres mit dem Bau begonnen werden.*

1 Das Material auf einen Blick Evtl. Minibagger, Maßband oder Meterstab, Wasserschlauch, Vibrationsstampfer (Wacker BS 500), Spaten, Schaufel, Spitzhacke, Holzpfahl, Wasserwaage, Messlatte, Schubkarre, Tonziegel (z.B. DIA-Teichbauelemente), Vlies, Kies und Abdeckfolie.

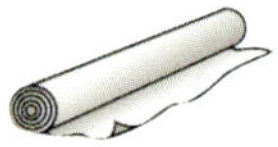

Geovlies

Hacke

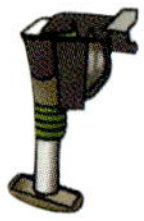

Rüttler

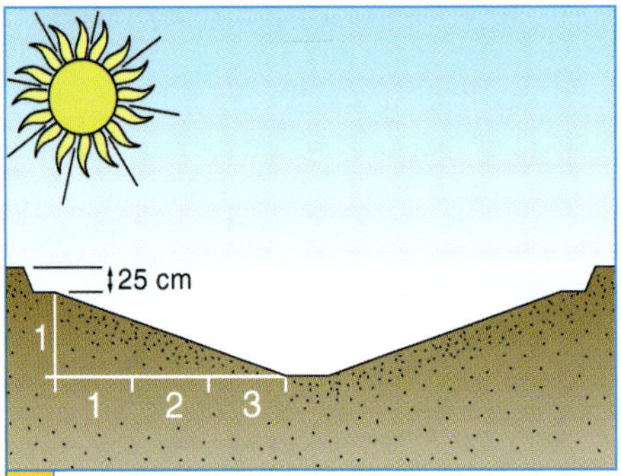

2 Standort des Teiches Dieser wird nach den auf der Seite 6 erwähnten Kriterien bestimmt. Beim Aushub der Grube darf die Böschungsneigung von 1 : 3 nicht überschritten werden. Bei steileren Böschungen führt dies zum Abrutschen der Kiesschicht. Die Böschungen beginnen etwa 25 cm unter der Geländeoberkante.

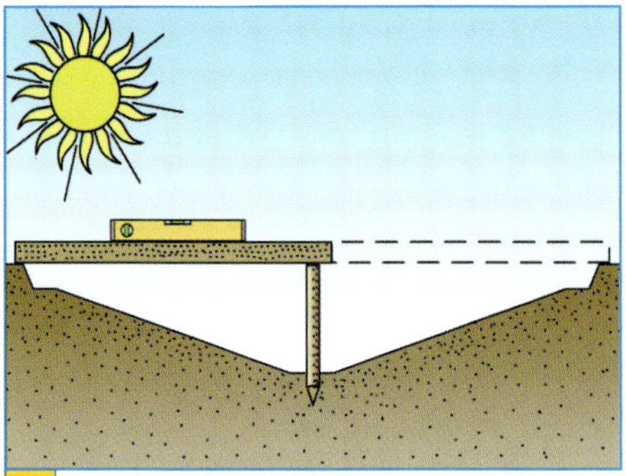

3 Die Grube ausheben Bei Tonteichen finden sich keine terrassenförmigen Pflanzzonen. Der Teichrand muss trotzdem mit Wasser- oder Schlauchwaage ausnivelliert werden. Da beim Aushub der Teichgrube größere Mengen Boden anfallen, sollte bereits im Voraus über dessen Verwendung oder Abtransport nachgedacht werden.

Ziehen Sie vor Baubeginn in jedem Fall einen erfahrenen Fachmann hinzu.

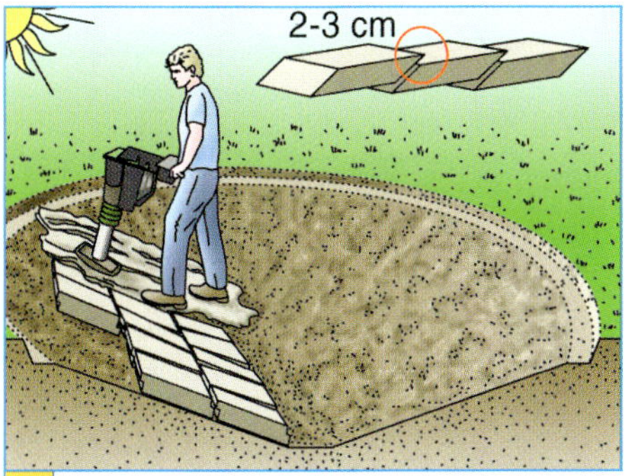

4 Tonelemente verlegen Sie werden grundsätzlich von links nach rechts verlegt. Begonnen wird dabei am linken oberen Rand der Teichgrube. Lassen Sie die Tonelemente 2–3 cm überlappen und sortieren Sie Fremdkörper aus. Durch das Verstampfen verbinden sich die Tonelemente zu einer homogenen Tonschicht.

5 Tonelemente verstampfen Achten Sie dabei auf ein gleichmäßiges, klatschendes Geräusch. Dies zeugt von einer homogenen Verbindung ohne Hohlräume. Bei einsetzendem Regen muss der Teich sofort mit einer Kunststoffplane abgedeckt werden, da die nasse Tonschicht weder begeh- noch verarbeitbar ist.

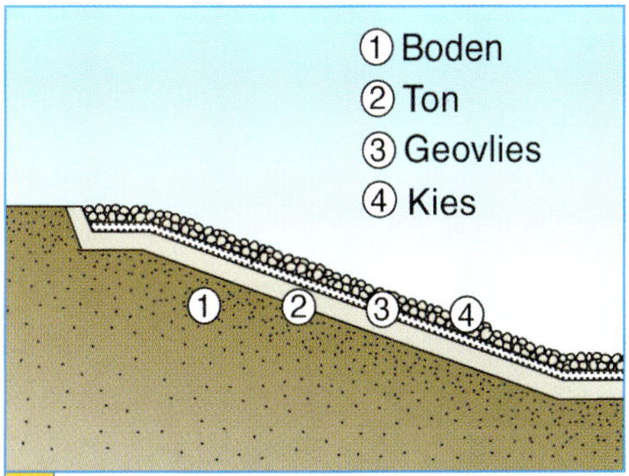

6 Die Tonschicht abdecken Gleich nach dem Verstampfen wird die Tonschicht mit einem Geotextilvlies (135–270 g/m²) abgedeckt. Dies gewährleistet einerseits Stabilität und andererseits die Langlebigkeit der Tonabdichtung. Darauf folgt eine etwa 20 cm Auflastschicht aus kalkfreiem Kies (8–16 mm).

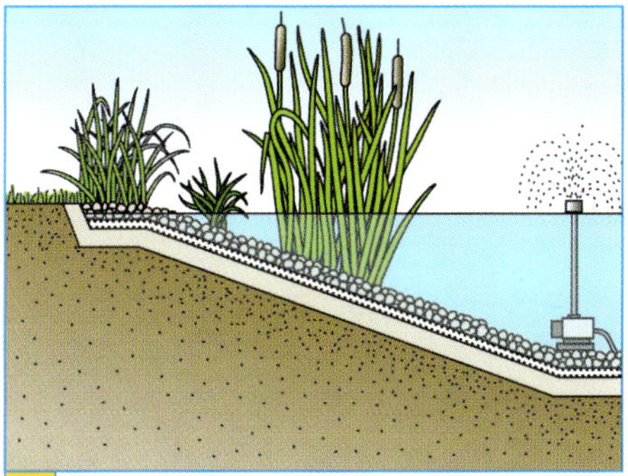

7 Bepflanzen und Wasser einfüllen Setzen Sie noch vor dem Einfüllen des Wassers die Pflanzen ein. Verwenden Sie dabei Pflanzkörbe, die in die Auflastschicht versenkt werden. Der Wasserspiegel liegt in der Regel 2–6 cm unter der Geländekante.

Schwimmteich – erste Schritte

In den letzten Jahren hat die Zahl der Schwimmteichbesitzer stark zugenommen. Während herkömmliche Gartenteiche mit etwas Fachwissen und ein wenig handwerklichem Geschick problemlos selbst gebaut werden können, sollte vor der Anlage eines Schwimmteiches ein erfahrener Fachmann zu Rate gezogen werden.
Unter den vielen Möglichkeiten, einen Schwimmteich anzulegen, ist die hier gezeigte für den Eigenbau optimal geeignet. Die verwendeten Teich- oder Foliensäcke setzt man ein, um Abgrenzungen zu Wasserpflanzen und Stufen im Eingangsbereich zu schaffen.

1 Das Material auf einen Blick Evtl. Minibagger, Wasserwaage, Messlatte, Holzpfahl, Schubkarre, Spaten, Schaufel, Spitzhacke, Wasserschlauch, Folie, Maßband, Vlies, Sand, Folien-/Teichsäcke und Kies.

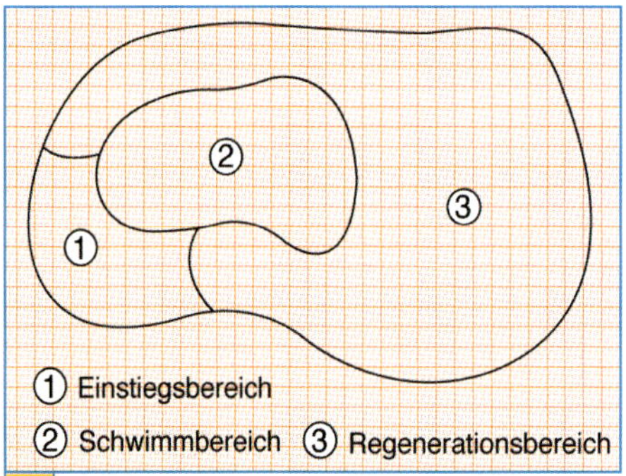

2 Den richtigen Standort wählen Es gelten die gleichen Kriterien wie bei herkömmlichen Wassergärten (siehe Seite 6). Eine Mindestgröße von 50 m² sollte dabei nicht unterschritten werden. Besondere Bedeutung kommt einer sorgfältigen Vorbereitung zu, die nicht ohne einen Fachbetrieb durchgeführt werden sollte.

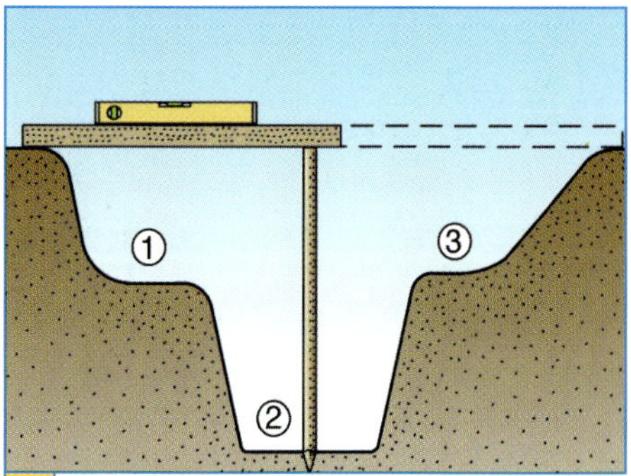

3 Tiefen festlegen Durch eine ausreichende Tiefe des Schwimmbereiches (etwa 200 cm) wird vor allem die Aufwirbelung von Ablagerungen verhindert. Der Regenerationsbereich (Tiefe: 0–70 cm) sollte mindestens 50 % der Gesamtfläche betragen. Hier sorgt eine ausreichende Bepflanzung für die Filterung des Teichwassers.

Gartenschlauch

gefüllter Foliensack

Minibagger

Der Bau eines Schwimmteiches sollte sorgfältig vorbereitet werden.

4 **Der Einstiegsbereich** Er dient dem sicheren Zugang zum Schwimmbereich und sollte 0–70 cm tief sein. Pflanzen sind hier nicht vorgesehen. Es empfiehlt sich der Einbau von einer oder mehreren Stufen. Auf Grund der notwendigen Stabilität sollten diese mit Teichsäcken oder Betonsteinen gebaut werden.

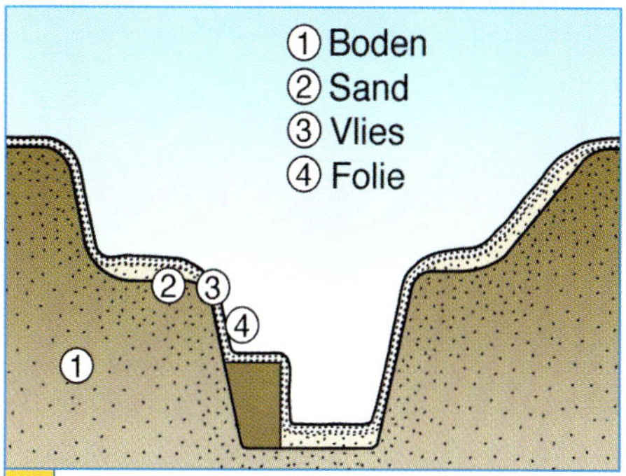

5 **Folie verlegen** Der Untergrund wird mit Vlies und einer Sandschicht bedeckt. Die verwendeten Folien sind meist aus PVC oder Kautschuk. Im ersten Fall ist eine Stärke von 1,5 mm, im zweiten Fall mindestens 1 mm zu empfehlen. Der Größe wegen sollte die Folie vor Ort von einem Fachmann verschweißt werden.

6 **Teichsäcke füllen** Die etwa 60 cm langen Teichsäcke aus Polypropylen werden mit gewaschenem Kies der Größe 0/16, sandigem Material oder Naturschotter befüllt. Nach oben bleiben etwa 20 cm frei, die nach der Füllung aufgerollt werden und als Verschluss dienen. Das Material ist UV-beständig und verrottungsfest.

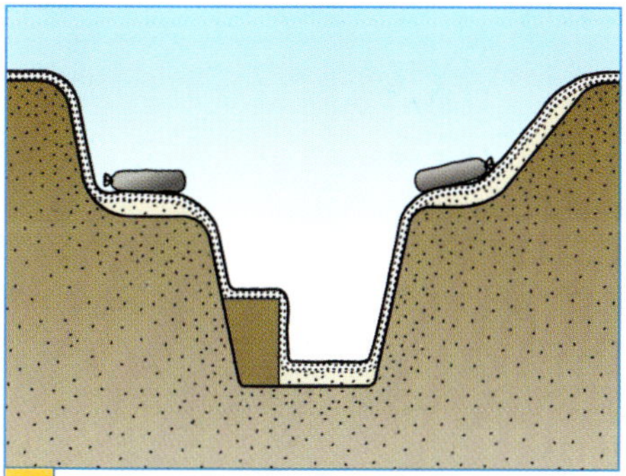

7 **Teichsäcke verteilen** Die erste Reihe der Teichsäcke wird auf einen waagrechten und gut verdichteten Untergrund gelegt. Dabei zeigt der Verschluss in Richtung Ufer. Nach dem Verlegen der ersten Reihe wird diese geebnet und verdichtet. Nur dadurch kann ein stabiler Untergrund für die folgenden Reihen geschaffen werden.

Den Schwimmteich fertig stellen

Um das biologische Gleichgewicht zu wahren, *sollten sich die regelmäßigen Pflegearbeiten wie auch bei herkömmlichen Gartenteichen auf das Notwendigste beschränken.*
Neben den auf der Seite 48 beschriebenen pflegenden Tätigkeiten spielt bei einem Schwimmteich vor allem das regelmäßige Entfernen des Teichschlammes eine wichtige Rolle. Diese Arbeit sollte einmal im Jahr oder spätestens bei einer 3 cm starken Schlammschicht erfolgen. Dazu gibt es inzwischen eine ganze Reihe brauchbarer Geräte, die in der Regel den Schlamm absaugen und das Teichwasser möglichst direkt in den Teich zurückleiten.

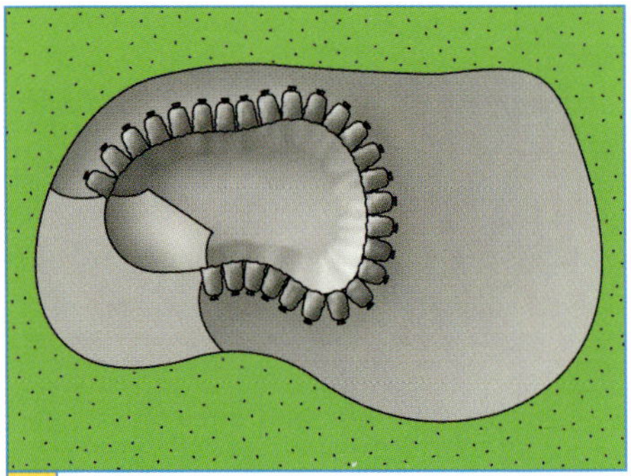

1 Zugang freilassen Im Einstiegsbereich wird ein 70–100 cm breiter Auf- bzw. Abgang frei gelassen. Dieser Bereich kann auch als Planschzone für Kinder genutzt werden, die dort nur unter Aufsicht baden sollten. Alternativ kann der Zugang zum Schwimmbereich über einen Holzsteg ermöglicht werden.

Schwimmring

2 Mit Kies hinterfüllen Gleich nach dem Verlegen der ersten Lage wird die zum Ufer zeigende Seite mit Kies aufgeschüttet. Verwenden Sie dabei keine scharfkantigen Steine, da diese Folie und Teichsäcke beschädigen könnten. Durch das Auffüllen mit Kies können sich die Säcke nicht mehr verschieben.

3 Weitere Teichsäcke auflegen Die zweite und dritte Lage der Teichsäcke wird auf die jeweils untere Reihe gelegt und mit Rollkies hinterfüllt. Um die Stabilität zu erhöhen, ist jede Reihe um 1–2 cm in Richtung Ufer zu verschieben. Zusätzliche Festigkeit erhält man durch einen Mörtelüberzug der obersten Reihe.

Bademütze

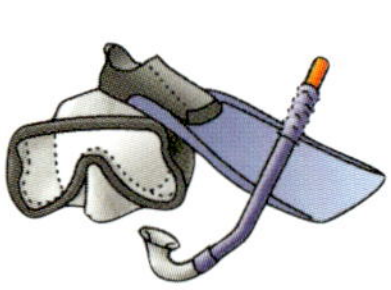

Schnorchel

Kleine Kinder nie ohne Aufsicht in der Nähe des Schwimmteiches spielen lassen.

4 Regenerationsbereich anlegen Anstelle der Kiesschicht wird hier bei der zweiten Reihe ein Gemisch aus Sand und Lehm eingebracht. Es dient als Substrat für Wasserpflanzen, die dort in Abhängigkeit ihrer Standortansprüche (Wassertiefe) gepflanzt werden. Pro Quadratmeter reichen 2–3 Pflanzen.

5 Wasser einfüllen Der Teich wird jetzt komplett mit Wasser befüllt. Nach 2–3 Tagen hat sich die Folie so weit gesetzt, dass sie am Rand abgeschnitten und mit Steinen befestigt werden kann. Das Anbringen einer Kapillarsperre (siehe Seite 38) ist zu empfehlen. Setzen Sie keinesfalls Chlor zu.

6 Technik am Schwimmteich Hier gelten einige Besonderheiten. So dürfen Teichpumpen, die mit einer Betriebsspannung von 230 V und mehr arbeiten, nicht innerhalb des Teiches aufgestellt werden. Ein Skimmer zum Absaugen des Oberflächenwassers ist durchaus sinnvoll.

Bachlauf und Wasserfall anlegen

Fließendes Gewässer *bereichert aus vielerlei Gründen den Wassergarten. Neben den zusätzlichen gestalterischen Möglichkeiten ist es vor allem das plätschernde Geräusch, welches die Attraktivität des Teiches erhöht. Dabei spielt es keine große Rolle, ob die Bachläufe aus Folie gebaut oder mit Fertigelementen aus Kunststoff oder Stein erstellt wurden. Ein entsprechend angelegter Bachlauf wirkt sich darüber hinaus positiv auf die Qualität des Wassers aus. Dafür sorgen die zahlreichen Mikroorganismen, welche sich an den Kieseln im Bachbett ansiedeln.*

1 Das Material auf einen Blick Taschenrechner, Spaten, Schaufel, Schubkarre, Teichpumpe, Spitzhacke, Folie, Vlies, Wasserschlauch, Wasserwaage und Kies.

Taschenrechner

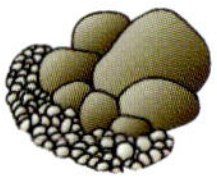

Steine und Kiesel

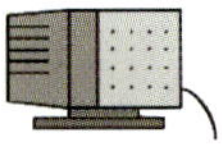

Pumpe

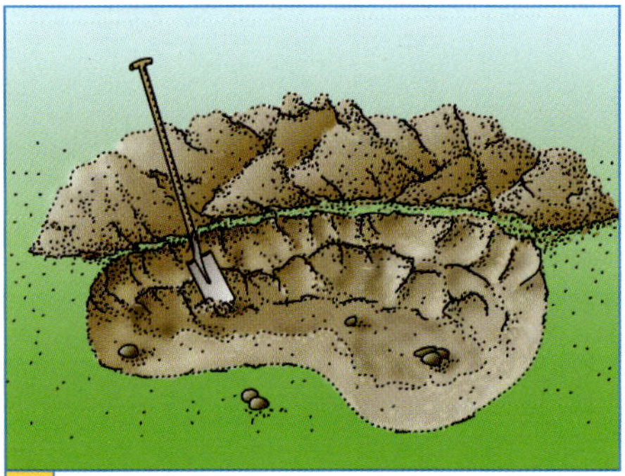

2 Gelände vorbereiten Zur Anlage des Bachlaufes benötigt man ein gewisses Gefälle. Als ideale Lösung bietet sich hierzu der Aushub der Teichgrube an, der zu einem kleinen Wall aufgeschüttet werden kann. Verdichten Sie den Boden im Bereich des Bachlaufes.

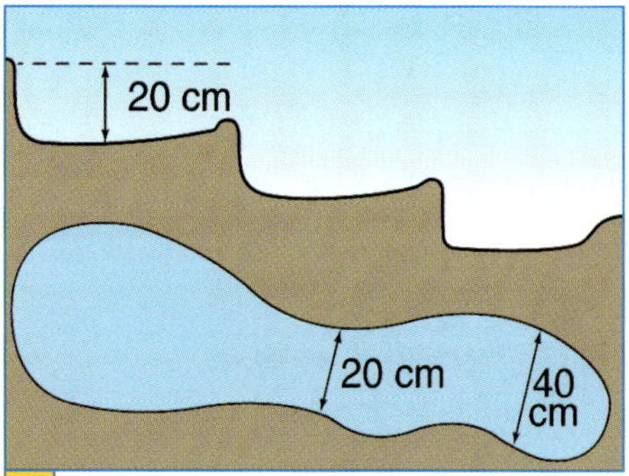

3 Bachlauf terrassenförmig aufbauen Dadurch wird einem schnellen Austrocknen nach Abschalten der Pumpe entgegengewirkt. Die Tiefe der jeweiligen Abschnitte sollte zwischen 15 und 20 cm liegen. Kleine Ausbuchtungen und eine geschwungene Form geben dem Bachlauf ein natürliches Aussehen.

Die Teichpumpe sollte etwa in mittlerer Wassertiefe stehen (siehe Schritt 6).

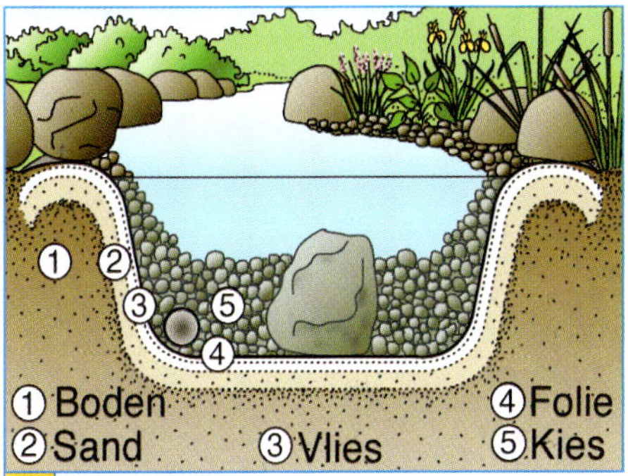

4 Bachlaufbett gestalten Es wird mit Sand, Vlies und einer etwa 1 mm starken Folie ausgelegt. Am Rand dienen große Steine zur Befestigung der Folie. Die Seiten und der Grund werden mit Kieseln gefüllt. Legen Sie den Schlauch, der das Teichwasser von der Pumpe zum Wasseraustritt fördert, in das Kiesbett mit ein.

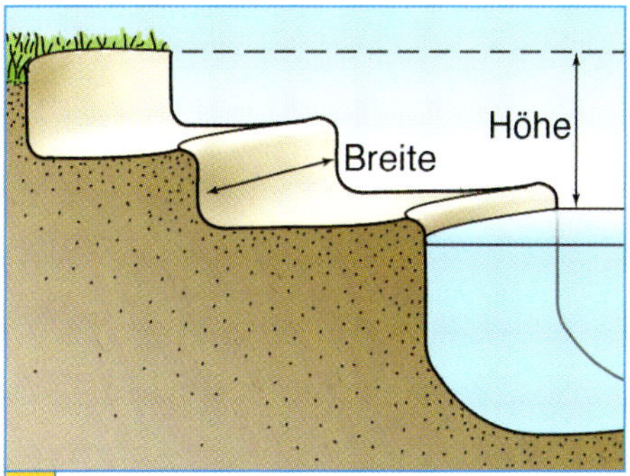

5 100 Liter pro Stunde Pro Zentimeter Bachlaufbreite wird diese Fördermenge benötigt. Der errechnete Wert muss am Austrittspunkt des Wassers vorliegen. Anhand der Pumpenkennlinie und der Höhendifferenz wird die passende Pumpenleistung ermittelt (siehe Seite 40).

6 Wasserkreislauf sichern Den Schlauch am Wasseraustritt mit mehreren Steinen befestigen. Die Wasserpflanzen werden am besten in Körbe gesetzt und im Bachlauf platziert. Beschränken Sie sich bei der Wahl der Teichpumpe auf so genannte Schmutzwasserpumpen ohne Filterschwamm.

Einen Holzsteg selber bauen

Der Einbau von Brücken, Stegen oder Trittsteinen *gibt der Anlage nicht nur einen eigenen Charakter. Von diesen Plätzen erhalten Sie außerdem Einblicke in eine faszinierende Tier- und Pflanzenwelt, die vom Uferrand aus oftmals verborgen bleibt.*
Als Alternative zu dem hier beschriebenen Holzsteg bietet sich der Bau eines Übergangs mit Steinen an. Dazu sollte bereits beim Aushub ein entsprechend breiter Damm geschaffen werden. Die flachen Trittsteine werden auf die Folie gelegt und die Zwischenräume mit mehreren Lagen Teichvlies gepolstert.

1 Das Material auf einen Blick Holzbalken und -bretter, Spaten, Beton, Kelle, Schrauben, Akkuschrauber oder Schraubenzieher, Schlagbohrmaschine, Säge, Maßband, Imprägniermittel und Pinsel.

Balken

2 Den Standort festlegen Sind keine stabilen Wegplatten vorhanden, muss an den jeweiligen Enden des zukünftigen Holzsteges ein kleines Betonfundament gegossen werden. Dazu werden zwei Löcher mit einer Tiefe von 30–40 cm ausgehoben und mit einer einfachen Holzverschalung versehen.

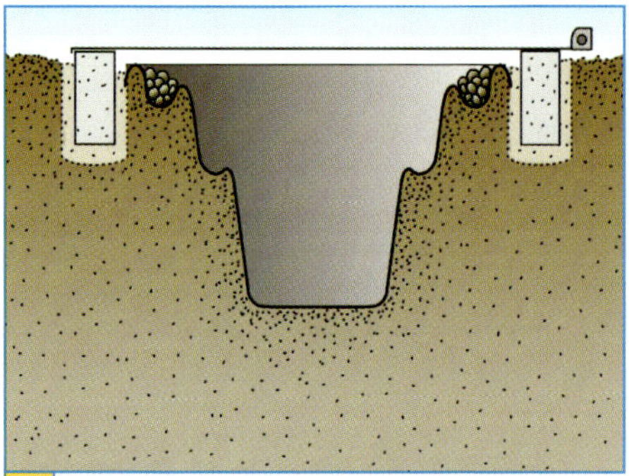

3 Betonfundamente fertig stellen Der Beton wird etwa 5 cm über die Geländekante gegossen. Nach 24 Stunden ist er ausgehärtet und die Verschalung kann abgenommen werden. Die noch bestehenden Hohlräume werden mit Erde gefüllt und gut verdichtet. Nun wird die Länge zwischen den Betonfundamenten gemessen.

Säge

Akkuschrauber

Verwenden Sie wenn möglich heimisches Holz zum Bau von Stegen und Brücken.

4 Holzbalken vorbereiten Übertragen Sie das Maß auf die Holzbalken und sägen Sie diese zurecht. Für den Bau eignet sich druckimprägniertes Kiefern- oder Lärchenholz. Kanthölzer und Bretter sollten mit einem schonenden Imprägniermittel behandelt werden. Dieses dient auch einer möglichen Farbgebung.

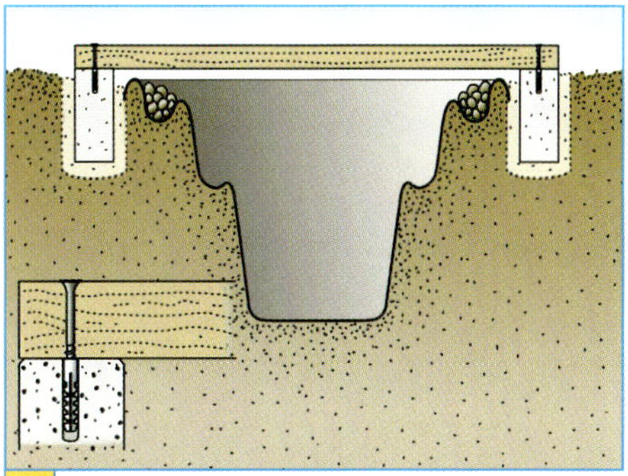

5 Kanthölzer befestigen Die Kanthölzer (etwa 5 x 10 cm) werden auf die Fundamente gelegt. Liegen die Balken auf ihrer schmalen Seite, sind sie sehr tragfähig. Die Löcher im Holz und im Beton sind im Voraus zu bohren. Mit Hilfe eines Dübels können die Schrauben problemlos im Beton verankert werden.

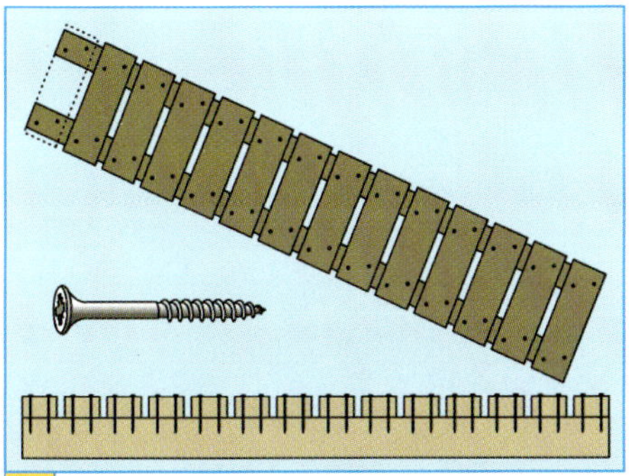

6 Trägerbretter anschrauben Auf die Kanthölzer werden jetzt die Trägerbretter geschraubt. Diese sind auf jeder Seite mit je zwei Löchern vorzubohren und mit rostfreien Schrauben zu befestigen. Zwischen den Brettern sollte ein Abstand von etwa 1 cm sein, damit das Regenwasser abfließen kann.

7 Enden des Steges weiterführen Der Übergang wirkt besonders harmonisch, wenn er den Teich in zwei etwa gleich große Hälften teilt. Die Enden des Steges sollten in einem Weg weitergeführt werden. Der Holzsteg erweist sich im Herbst zugleich als eine nützliche Befestigungsmöglichkeit für ein Laubschutznetz.

Miniwassergärten auf kleinstem Raum

Nicht jeder hat einen eigenen Garten *und nicht jeder Gartenbesitzer möchte einen kompletten Teich bauen. Um trotzdem das Plätschern von Wasser und die Exotik der Pflanzen dieses Lebensraumes genießen zu können, gibt es so genannte Miniwassergärten. Dabei handelt es sich einfach um bepflanzte Gefäße, die wahlweise sogar mit einer kleinen Pumpe bestückt werden können. Überprüfen Sie jedoch vor dem Aufstellen des Behälters die Tragfähigkeit des Unterbaus sowie die ungehinderte Abflussmöglichkeit des Wassers, um Schäden vorzubeugen. Ein in der Nähe liegender Strom- und Wasseranschluss ist von Vorteil.*

1 Das Material auf einen Blick Teichpumpe, Folie, Messer, Holzfass, Betonziegel, Pflanzen und Steine in verschiedenen Größen.

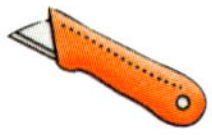

Messer

Ziegelsteine

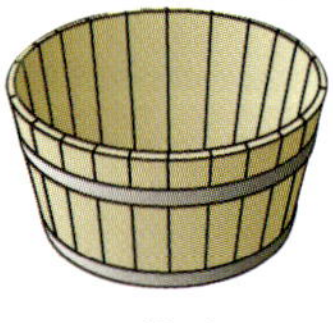

Kübel

2 Kübel mit Folie auskleiden Legen Sie das ganze Fass mit einer Teichfolie aus PE oder PVC aus und drücken Sie diese besonders am Fassboden und den Rändern fest. Eine Folienstärke von 0,8 mm ist dabei völlig ausreichend. Anschließend kann der Rand bis auf eine Länge von etwa 20 cm gekürzt werden.

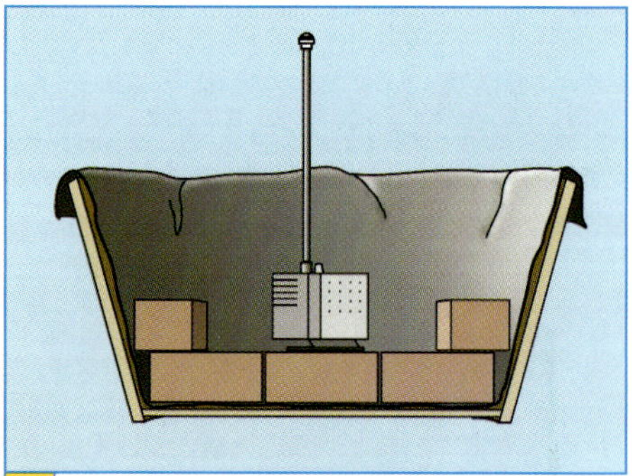

3 Untergrund befestigen Der unterste Bereich wird mit flachen Betonziegeln ausgelegt. Möchten Sie eine Teichpumpe einsetzen, stellen Sie diese möglichst waagrecht auf einen der Steine. Die richtige Höhe der Wasserspieldüse wird mittels Steigrohren eingestellt. Legen Sie eine weitere Reihe an Betonziegeln ein.

Fragen Sie den Architekten oder Hauseigentümer nach der zulässigen Tragfähigkeit Ihres Balkons.

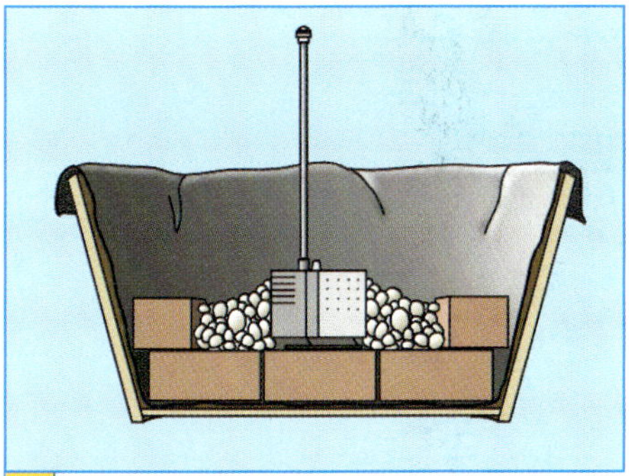

4 Pumpe stabilisieren Um einen festen Sitz der Pumpe zu gewährleisten, werden kleinere Kieselsteine in die Zwischenräume und um die Pumpe gefüllt. Je nach Behältergröße kann eine weitere Ziegelreihe notwendig sein. Diese dient gleichzeitig als Untergrund für Pflanzbehälter und größere Ziersteine.

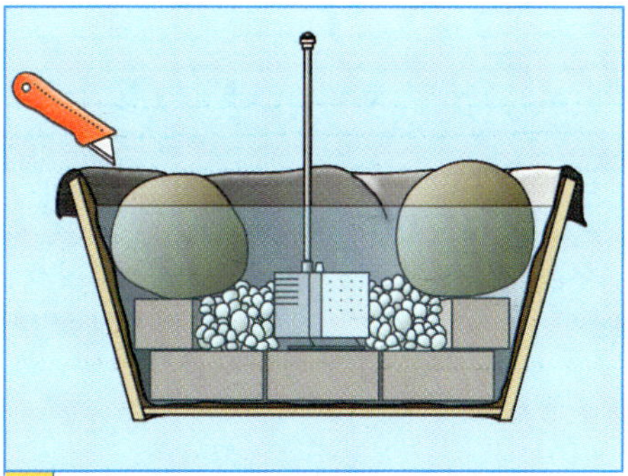

5 Das Wasser einfüllen Setzen Sie jetzt 2–3 große Findlinge ein und füllen Sie das Fass bis knapp unter den Rand mit Wasser. Die Folie setzt sich, hat nach kurzer Zeit ihren endgültigen Platz erreicht und kann anschließend direkt an der Oberkante des Fasses abgeschnitten werden.

6 Pflanzkörbe einsetzen Setzen Sie in die frei gebliebenen Räume die Pflanzkörbe mit den Sumpfpflanzen ein. Achten Sie dabei auf ein harmonisches Zusammenspiel von Blattformen und Blütenfarben. Zum Abschluss wird der obere Bereich mit kleinen und großen Kieselsteinen abgedeckt und dekoriert.

7 Weitere mögliche Gefäße Neben dem hier verwendeten Holzfass eignen sich eine ganze Reihe weiterer Gefäße zur Anlage eines Miniwassergartens. Dazu zählen Keramiktöpfe und -schalen ebenso wie Kunststofffässer oder -becken. Selbstverständlich sind auch eigene Konstruktionen aus Holz oder Stein möglich.

Gestaltung und Pflege

Vergleichen wir die Anlage unseres Wassergartens mit dem Bau eines Hauses, dann können wir sagen, der Rohbau steht, jetzt beginnt die Inneneinrichtung und Instandhaltung. Bereits das Wort „Wassergarten“ signalisiert uns, dass Pflanzen ein entscheidender Bestandteil der neuen Anlage sind. Nur durch eine vielfältige und reichhaltige Bepflanzung kann sich ein biologisches Gleichgewicht einstellen. Darüber hinaus gehören Pflanzen zu den wichtigsten Gestaltungselementen am Teich.

Neben der Flora spielen aber noch eine ganze Reihe anderer Faktoren eine wichtige Rolle, damit das neu geschaffene Gewässer vor allem Freude und nicht nur zusätzliche Arbeit bedeutet. Grundsätzlich gilt auch bei der Pflege des Wassergartens: „Weniger ist oft mehr“. Häufige Wasserwechsel verbunden mit einem regelmäßigen Reinigen von Folie, Becken oder Steinen sind für die Teichbiologie alles andere als förderlich.

Pflanzen einsetzen

Während bei kleineren Folien- und Beckenteichen *(unter 10 m^2) die Pflanzung in Körben zu empfehlen ist, können die Wasserpflanzen bei größeren Anlagen auch direkt in den Teich gesetzt werden. Durch die Verwendung von Pflanzkörben (siehe Foto) wird zum einen weniger Erde in das Teichwasser gebracht und zum anderen werden die Pflanzen in ihrem oftmals sehr starken Ausbreitungsdrang etwas gehemmt. Von Nachteil ist, dass die Körbe meist nicht vollständig zu kaschieren sind.*
Bei Seerosen ist in jedem Fall ein ausreichend großes Gefäß zu empfehlen, da diese oftmals schon nach wenigen Jahren armdicke Wurzeln ausbilden.

1 Das Material auf einen Blick Pflanzkörbe, torffreies Substrat, Pflanzen, Pflanztücher, Schnur, Rosenschere, Gartenschaufel und Kieselsteine.

Wasserpflanze

2 Die Wahl der richtigen Pflanzen Informieren Sie sich am besten schon vor dem Kauf über in Frage kommende Arten und Sorten (siehe Seite 50–59). Die Wasserpflanzen sollten in jedem Fall frisch aussehen und frei von Schädlingen sein. Wichtig ist auch eine gute Durchwurzelung des Topfballens.

3 Pflanzen vorbereiten Nehmen Sie zunächst die Pflanzen aus dem Topf und schneiden Sie den Wurzelballen mit einer Rosenschere etwas auf. Der Pflanzkorb wird zur Hälfte mit Substrat gefüllt. Optimal eignet sich dazu eine Mischung aus Lehm und Sand (1 : 1) oder eine torffreie und nährstoffarme Teicherde.

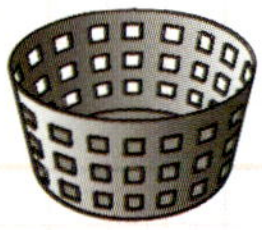

Pflanzkorb

Substrat

Bevor das Substrat in den Pflanzkorb gefüllt wird, kann dieser mit Zeitungspapier ausgeschlagen werden.

4 Pflanze in Pflanzkorb setzen Die Pflanze in den passenden Pflanzkorb einsetzen und diese anschließend mit Substrat auffüllen. Drücken Sie die Erde gut fest und schlämmen Sie das Ganze mit Wasser ein. Unter dem Begriff Substrat versteht man Erdmischungen für einen bestimmten Anwendungszweck.

5 Erde am Aufschwimmen hindern Um das Aufschwimmen der Teicherde beim Einsetzen des Pflanzkorbes ins Wasser zu verhindern, werden auf der Oberfläche Kieselsteine verteilt. Als Alternative dazu bieten sich so genannte Pflanztücher aus Jute an. Diese über den Pflanzkorb legen und mit einer Schnur festbinden.

6 Pflanzkorb positionieren Der Korb wird vorsichtig per Hand oder mit Hilfe einer Schaufel in den Teich eingebracht und an die richtige Position gesetzt. Aus optischen Gründen können Kieselsteine zur Abdeckung dienen. Bei Seerosen wird das Anwachsen durch ein schrittweises Absenken des Korbes gefördert.

Uferränder gestalten und dekorieren

In der Regel wird ein möglichst nahtloser Übergang
zwischen der Sumpfpflanzenzone und dem Uferrand angestrebt. Dabei ist jedoch im Auge zu behalten, dass kein Kapillareffekt auftritt. Dieser zeigt sich immer dann, wenn an den Teich grenzende, trockene Bodenschichten direkt Kontakt mit dem Wasser haben und dadurch das kostbare Nass nach außen wandert. Nachvollziehen lässt sich dieses Phänomen anhand eines Papiertaschentuches, welches mit einem Ende in einer Wasserschale liegt. Schon nach kurzer Zeit sind auch die trockenen Bereiche feucht, obwohl kein direkter Kontakt zum Wasser bestand.

Pflanztasche

1 Pflanzen optimal platzieren Mehr als alles andere bestimmt die Wahl und Anordnung der Pflanzen das Aussehen eines Wassergartens (siehe Foto). Von der Hauptbetrachtungsseite aus gesehen, sollten hohe Pflanzen im Hintergrund stehen. Achten Sie darauf, dass etwa ein Drittel der Wasseroberfläche frei bleibt.

2 Natürliche Dekomaterialien Neben Pflanzen sind Kieselsteine, Findlinge, Äste und Wurzeln die beliebtesten Dekorationsmaterialien. Denken Sie dabei fernerhin an die Tiere in Ihrem Teich, die auf Unterschlupfmöglichkeiten und Ausstiegshilfen angewiesen sind. Vögel sind für eine kleine Ausbuchtung am Teichrand dankbar.

Ast

Wasserspeier

Ein großer Findling am Teichrand zieht sicherlich alle Blicke auf sich.

3 Steil abfallende Uferränder Diese kommen oft an Teichanlagen vor und sind schwierig zu gestalten. Mögliche Abhilfe können Pflanztaschen aus Jute schaffen, die am Uferrand befestigt werden. Auch mit echten Steinen beklebte Folien oder Grasmatten (Wandolith) eignen sich dazu vorzüglich.

4 Holzumrandung Besonders bei Teichen, die nahe an Terrassen liegen, bietet es sich an, den Rand mit Holzbohlen auszubauen. Auf Grund der Haltbarkeit ist kesseldruckimprägniertes Kiefern- oder Lärchenholz zu empfehlen. Einen zusätzlichen Schutz sowie die passende Farbe bieten umweltverträgliche Lasuren.

5 Ufer aus Stein Die Auswahl an in Frage kommenden Steinen ist riesig. Ob Naturstein oder Beton, letztendlich sind Kosten und Geschmack die entscheidenden Kriterien. Wichtig beim Verlegen ist, dass die Platten nicht mehr als 5 cm überstehen und dass das Abdichtungsmaterial unversehrt bleibt.

6 Schmückende Figuren Je nach Art des Teiches ist das Aufstellen von Wasserspeiern, Uferbrunnen oder sonstigen Figuren eine Bereicherung. Meist sind dabei Teichpumpen mit einer Förderleistung von 10 Litern pro Minute ausreichend. Testen Sie beim Kauf die Verbindung zwischen Pumpe, Schlauch und Figur.

Technik im Gartenteich

Werden die Begriffe Strom und Wasser *in Kombination verwendet, so löst dies oftmals ein Gefühl des Unbehagens bei uns aus. Angesichts der möglichen Gefahren, die von einem nicht fachgerechten Stromanschluss ausgehen, ist dies durchaus verständlich. Verwenden Sie deshalb an Ihrem Gartenteich elektrische Geräte mit Niederspannung (12 bzw. 24 Volt). Bei größeren Teichpumpen ist dies infolge der benötigten Leistungen oftmals nicht möglich. Achten Sie daher beim Kauf auf Markengeräte und betreiben Sie die Anlage niemals ohne einen FI-Schutzschalter mit einem Nennfehlerstrom von maximal 30 Milliampere.*

1 **Stromanschlüsse in Haus und Garten** Diese dürfen nur von einem entsprechenden Fachmann gelegt werden. Im Außenbereich angebrachte Steckdosen sollten stets spritzwassergeschützt sein. Das notwendige Verbindungskabel kann in einem Leerrohr etwa 60 cm unter der Erde verlegt werden.

Scheinwerfer

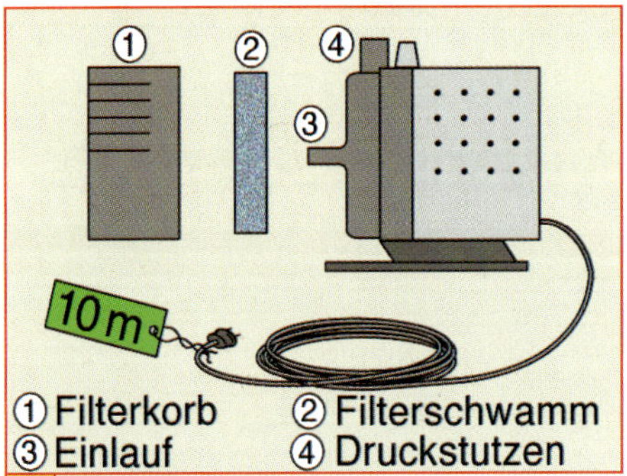

2 **Teichpumpe mit Prüfzeichen** Achten Sie beim Kauf einer Teichpumpe auf folgende Kriterien: Zollgewinde an Druck- und Einlaufstutzen, einfaches Zerlegen ohne zusätzliches Werkzeug; neben dem Zeichen für geprüfte Sicherheit (GS) muss ein TÜV- oder VDE-Prüfzeichen vorhanden sein.

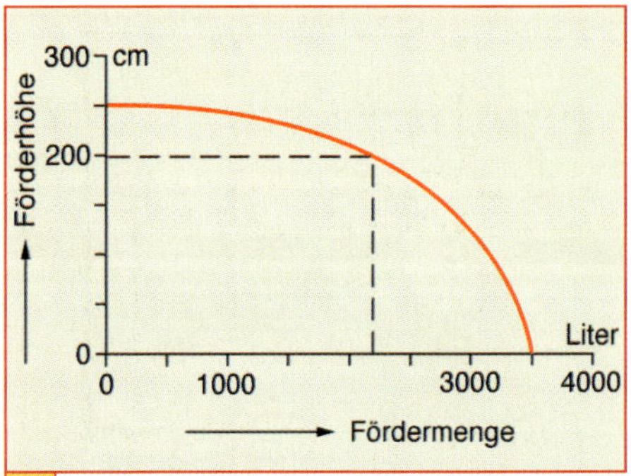

3 **Pumpenkennlinie** Jede Pumpe wird durch die Faktoren Fördermenge und -höhe gekennzeichnet. Die Angaben auf der Verpackung beziehen sich immer auf die jeweiligen Maximalwerte. Mit zunehmender Förderhöhe nimmt die Fördermenge der Pumpe ab. Den genauen Zusammenhang zeigt die Pumpenkennlinie.

Solarpanel

Schaumquell

Vor dem Anschließen der Pumpe den Fachmann fragen, ob Ihr Stromkreis durch einen FI-Schalter gesichert ist.

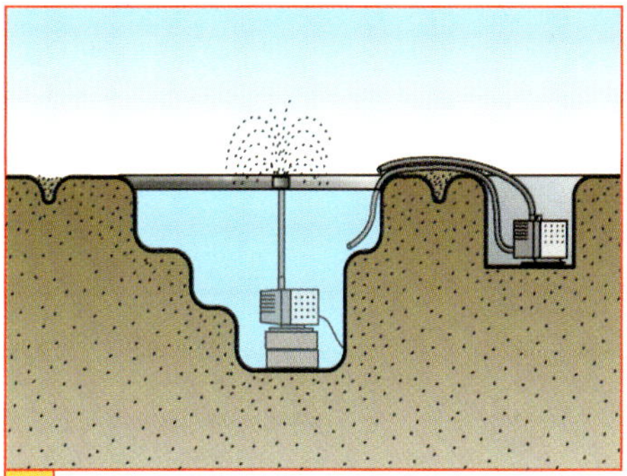

4 **Pumpen stets ins Wasser stellen** Teichpumpen sind auf Grund ihrer Bauart nicht in der Lage, Wasser selbstständig anzusaugen. Bei einem Betrieb außerhalb des Gewässers sind die Geräte deshalb unterhalb des Wasserspiegels aufzustellen. Der Ansaugschlauch wird dabei mit Wasser gefüllt.

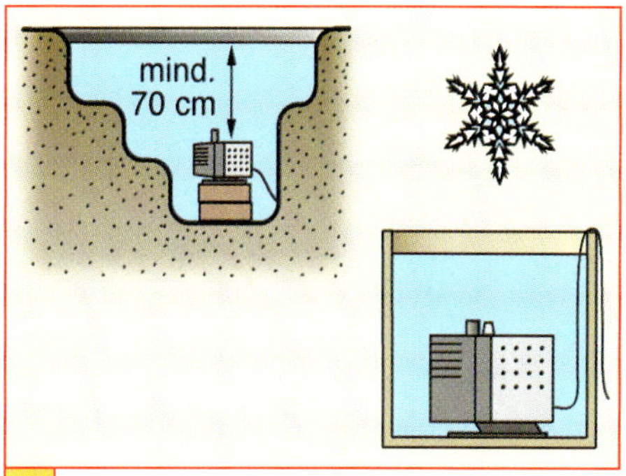

5 **Teichpumpe überwintern** Hier gibt es zwei Möglichkeiten. Steht die Pumpe tiefer als 70 cm, kann diese im Wasser bleiben. Ansonsten wird sie in einem Behälter mit Wasser an einem frostfreien Ort, z.B. im Keller, gelagert. Dadurch werden Dichtungen nicht porös und Schmutzpartikel bleiben in Lösung.

6 **Solarpumpen** Als ideale Lösung für Gartenteiche wird die Verwendung von Solarpumpen angesehen. Diesem theoretisch richtigen Ansatz stehen die nur sehr geringen Leistungen der Pumpen gegenüber. Zur Speisung einer Filteranlage oder eines Bachlaufes sind derzeit keine geeigneten Modelle auf dem Markt.

7 **Lichter am Teich** Ein besonderer Reiz geht von beleuchteten Teichen aus. Hier gibt es inzwischen viele unterschiedliche Produkte. Neben den klassischen Scheinwerfern erfreuen sich vor allem Schwimmleuchten und Lichtwasserspiele großer Beliebtheit. Allen gemeinsam ist die Niederspannung von 12 bzw. 24 Volt.

Teichbiologie – ökologische Zusammenhäng

Eine ganze Reihe unterschiedlicher Faktoren *wirken auf den Gartenteich ein und beeinflussen damit mehr oder weniger die chemischen und biologischen Vorgänge im Wasser. Herausragende Bedeutung kommt dabei dem im Folgenden beschriebenen Nährstoffkreislauf zu. Eine wesentliche Rolle spielen die Sonneneinstrahlung und die damit einhergehende Erwärmung des Wassers. Zum einen benötigen Pflanzen – und dazu gehören auch Algen – das Sonnenlicht für ihr Wachstum und zum anderen nimmt der Sauerstoffgehalt im Wasser mit jedem Grad Erwärmung ab.*

1 Biologisches Gleichgewicht Es wird dem Wasser die gleiche Menge an anorganischen Stoffen (Nährstoffe) entzogen wie organische Materialien (Laub, Fischfutter, -kot, abgestorbene Pflanzenreste) zugeführt werden. Ist dieser Zustand erreicht, sinkt der Pflegeaufwand auf ein Minimum.

Fisch

Fischfutter

Laub

2 Der Anfang des Kreislaufs Hier stehen Mikroorganismen, die ins Wasser eingetragene organische Stoffe unter Sauerstoffverbrauch zersetzen. Nach und nach entstehen bei dem Abbauprozess eine Menge anorganischer Nährstoffe, die von allen Wasserpflanzen genutzt und in Wachstum umgesetzt werden.

3 Die Nährstoffkonzentration steigt Je mehr organische Stoffe ins Wasser gelangen, desto höher wird zwangsläufig die Nährstoffkonzentration. Da die Teichpflanzen in der Regel mit Hauptnährstoffen gesättigt sind, nutzen verschiedene Algenarten diesen Zustand und breiten sich explosionsartig aus.

Nur wenn die Wasserwerte stimmen, funktoniert die Biologie im Teich.

4 Zersetzungsprozess setzt ein Kommt es zum Absterben der Algen, werden sie unter Verbrauch von Sauerstoff abgebaut. Handelt es sich dabei um entsprechend große Mengen, ist das lebensnotwendige Gas schnell aufgebraucht und es kommt zu Fäulnisprozessen. Man spricht jetzt vom „Kippen" des Gewässers.

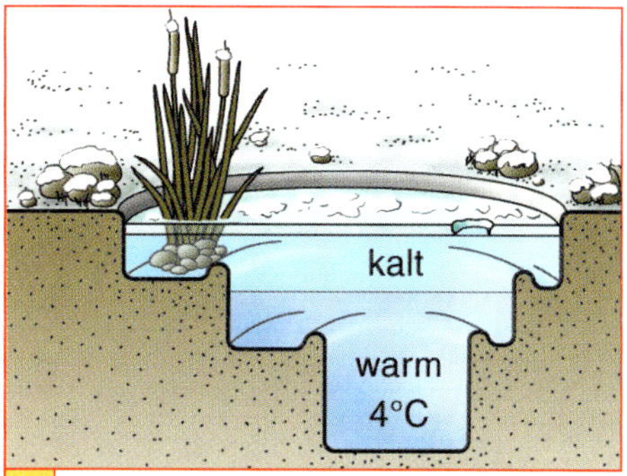

5 Wassertemperatur im Winter Wasser ist bei einer Temperatur von 4 °C am schwersten und sinkt an die tiefste Stelle. Diese Eigenschaft wird auch als Dichteanomalie bezeichnet. Fische und andere Lebewesen nutzen diesen Umstand, um dort zu überwintern. Stellen Sie daher Ihre Pumpen im Winter ab.

6 pH-Wert des Wassers Dieser spielt vor allem bei Fischbesatz eine außerordentlich wichtige Rolle und sollte mindestens alle drei Wochen kontrolliert werden. Bei Werten über 8,5 steigt die Konzentration an fischgiftigem Ammoniak bedenklich. Fällt er unter 6,5, dann ist mit hohen Nitritwerten zu rechnen.

7 Die Karbonathärte Sie wird in Grad deutscher Härte gemessen und wirkt in ausreichender Konzentration starken Schwankungen des pH-Wertes entgegen. Ein zu hoher KH-Wert ist oftmals für starkes Wachstum von Fadenalgen verantwortlich. Dieser kann durch die Zugabe von Regenwasser gesenkt werden.

Algen – so nehmen sie nicht überhand

Algen gehören ins Pflanzenreich *und benötigen somit für ihr Wachstum vor allem Nährstoffe und Sonnenlicht. Beides erhalten sie bereits im zeitigen Frühjahr ausreichend, während sich andere Wasserpflanzen noch im Ruhestadium befinden. Betrachten Sie einen gewissen Algenbestand in Ihrem Teich als normal, da diese sogar wichtige Aufgaben wie Sauerstoffproduktion übernehmen. An dieser Stelle sei auch vor dem Einsatz der vielen Geheimtipps und Wundermittel gewarnt. Weder Torf noch Stroh noch irgendwelche chemischen Algenvernichter haben etwas in Ihrem Biotop zu suchen.*

1 Zu viele Fische Die häufigste Ursache für ein ungebremstes Algenwachstum ist ein zu hoher Fischbesatz, der eine starke Nährstoffbildung zur Folge hat. Es sollten nicht mehr als 20 cm Fisch auf 1000 Liter Teichwasser leben. In Teiche mit weniger als 600 Liter Wasser möglichst keine Fische einsetzen.

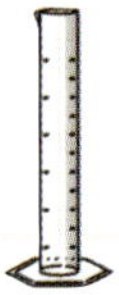

Messzylinder

2 Fischfutter dosieren Mit dem Fischbesatz geht meist die Fütterung der Tiere einher. Reduzieren Sie deshalb die Fütterung auf zwei- bis dreimal die Woche und geben Sie nur so viel, wie innerhalb weniger Minuten gefressen wird. Bei Wassertemperaturen unter 10 °C ist die Fütterung ganz einzustellen.

3 Bepflanzung abstimmen Wasserpflanzen entziehen dem Teich Nährstoffe, die gleichfalls Nahrungsgrundlage der Algen sind. Bepflanzen Sie daher Ihr Biotop mit verschiedenen Sumpf-, Unterwasser- und Schwimmpflanzen. Verwenden Sie dazu möglichst nährstoffarme Teicherde oder ein Gemisch aus Sand und Lehm.

Schere

Kescher

Eine Algenplage ist in den Griff zu bekommen, wenn man die Ursachen kennt und beseitigt.

4 Bäume meiden Herabfallendes Laub zählt zu den organischen Stoffen, die das Teichwasser belasten. Wählen Sie deshalb den Standort des Wassergartens nicht zu nahe an Bäumen und spannen Sie im Herbst ein so genanntes Laubschutznetz über Ihren Teich. Die Maschenweite sollte nicht über 20 mm liegen.

5 Verwelkte und abgestorbene Pflanzenteile Sie sollten stets entfernt werden, damit sie das Wasser nicht durch ihre Abbauprodukte belasten; das gilt auch für das Abkeschern von Fadenalgen. Lassen Sie die Pflanzenteile für zwei Tage am Teichrand liegen, damit Tiere wieder zurück in den Teich gelangen.

6 Wasserwerte prüfen Die wichtigsten Wasserwerte sind pH-Wert und Karbonathärte (siehe Seite 43). Zusätzlich kann die Messung von Nitrit sinnvoll sein. Ein hoher pH-Wert und hartes Wasser fördern in der Regel das Algenwachstum. Zum Anheben oder Senken dieser Werte erhalten Sie verschiedene Produkte im Handel.

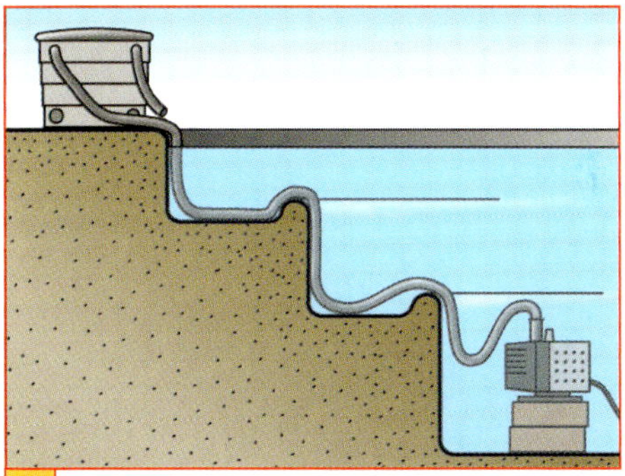

7 Filteranlage einsetzen Dies kann ein sinnvolles Mittel zur Bekämpfung von Algen darstellen. Bevorzugen Sie dabei einen Außenfilter, da diese im Gegensatz zu Unterwasserfiltern meist effektiver arbeiten und einfacher zu reinigen sind. Erste Verbesserungen sollten nach etwa sechs Wochen eintreten.

Filteranlage für sauberes Wasser

Nicht jeder Gartenteich benötigt eine Filteranlage. *Stimmen die Rahmenbedingungen wie Standort, Größe, Bepflanzung und Wasserqualität so findet der Teich in der Regel nach etwa 4–6 Monaten sein biologisches Gleichgewicht. Wichtigste Voraussetzung dafür ist, dass sich keine Fische im Gartenteich befinden.*
Die im Handel erhältlichen Anlagen (siehe Foto) sind oft sehr ähnlich aufgebaut und können mit etwas handwerklichem Geschick sogar selbst gebaut werden. Der Kauf eines UV-Wasserklärers sollte gut überdacht werden, da diese Geräte nicht nur Vorteile für die Teichbiologie bringen.

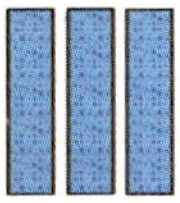

Filterschwämme

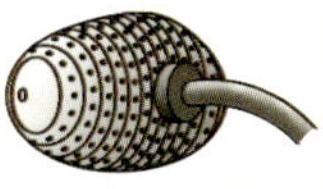

Schmutzwasserpumpe

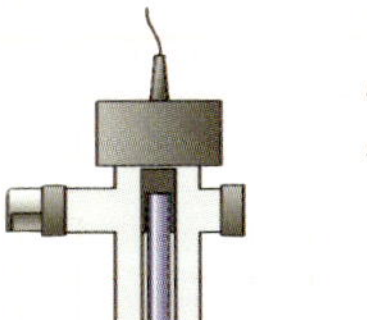

UV-Wasserklärer

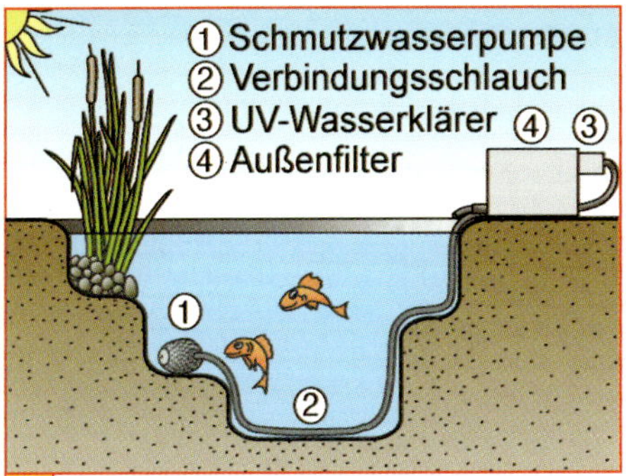

1 Außenfilteranlage in der Übersicht Eine komplette Außenfilteranlage besteht aus den abgebildeten Komponenten. Damit eine möglichst große Menge des Teichwassers gefiltert wird, sollte die Pumpe möglichst weit vom Auslauf des Außenfilters entfernt liegen. Halten Sie die Anlage ununterbrochen in Betrieb.

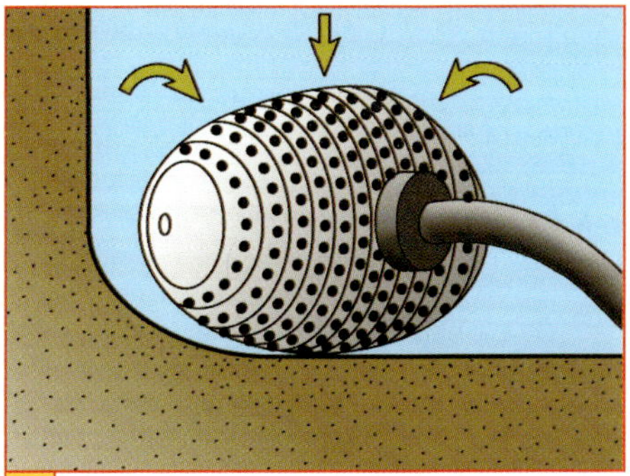

2 Die Schmutzwasserpumpe Alle Markenhersteller führen in ihrem Sortiment spezielle Pumpen, die ohne Filterschwämme auskommen und Grobteilchen von mindestens 8 mm verstopfungsfrei fördern. Das Vorhandensein eines drehbaren Schlauchanschlusses ist ebenso von Vorteil wie das einfache Zerlegen ohne zusätzliches Werkzeug.

Bei klarem Wasser kann der UV-Wasserklärer ganz abgeschaltet werden.

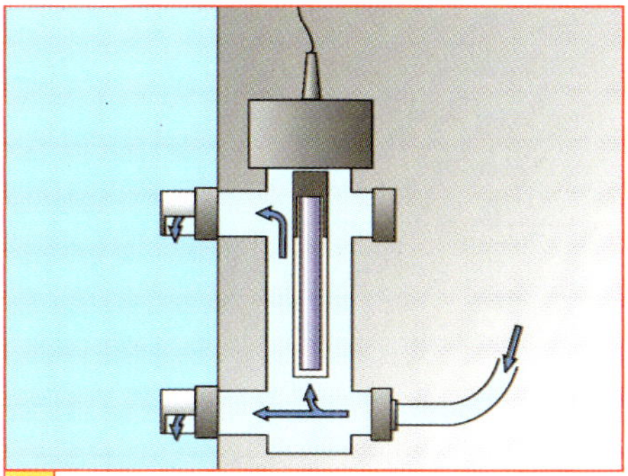

3 **UV-Wasserklärer** Die Verwendung von UV-Wasserklärern am Gartenteich ist nicht unumstritten. Außer den Schwebealgen wird immer ein Teil der Mikroorganismen abgetötet. In jedem Fall sollte ein Filterschwamm folgen, der die verklumpten Algenteilchen abfängt.

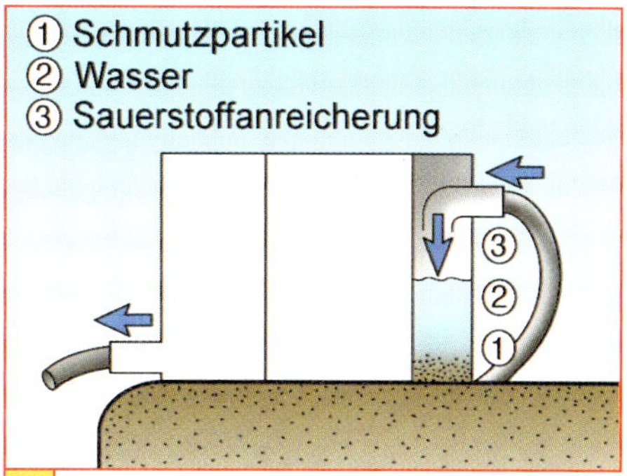

4 **Filter-Vorkammer** Das Wasser sollte beim Einlaufen in den Filter mit Sauerstoff angereichert werden. Dieser wird für die Abbauprozesse von organischem in anorganisches Material benötigt. In einer Art Vorkammer setzen sich die groben Schmutzpartikel am Boden ab und müssen von Zeit zu Zeit entfernt werden.

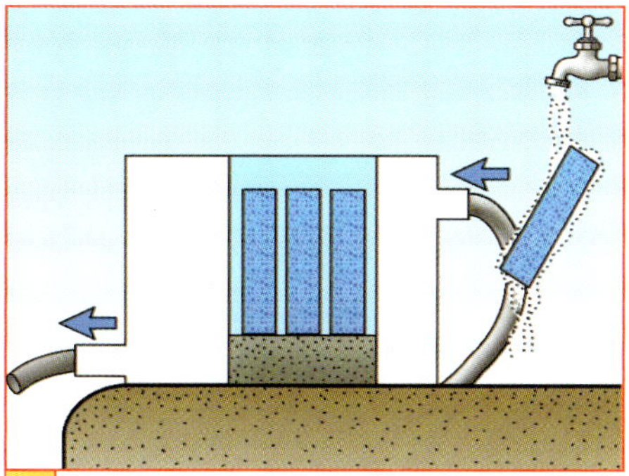

5 **Mechanische Reinigungsstufe** Sie besteht meist aus einer großen Anzahl an Filterschwämmen. Diese haben die Aufgabe, grobe Schmutzpartikel zu entfernen. Das Reinigen der Filterschwämme sollte regelmäßig mit klarem Wasser oder in einem mit Teichwasser gefüllten Behälter erfolgen. Achten Sie darauf, dass der Filter einen Notüberlauf besitzt.

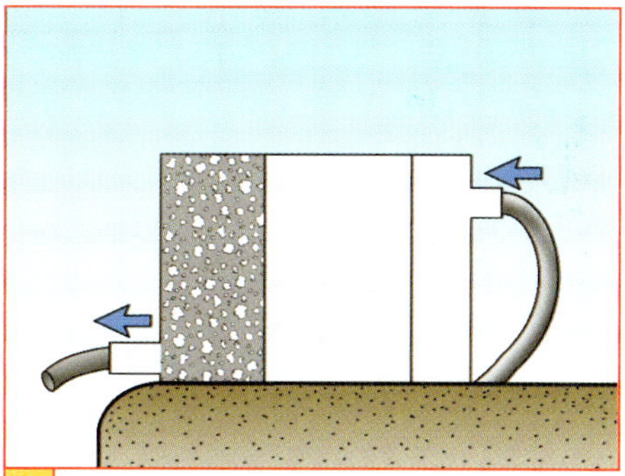

6 **Biologische Filter-Stufe** Hier findet der eigentliche Abbauprozess statt. Verantwortlich dafür sind zahlreiche Mikroorganismen, die sich dort auf einem Trägermaterial ansiedeln. Dieser Teil des Filters sollte möglichst nicht gereinigt werden, da sonst die bioaktive Schicht zerstört wird.

Teichpflege rund ums Jahr

Die Angst vor einem großen Pflegeaufwand *schreckt viele Gartenbesitzer vom Bau eines Teiches ab. Bei richtiger Anlage des Wassergartens ist diese jedoch völlig unbegründet. Natürlich sind, wie in jedem anderen Teil des Gartens auch, verschiedene Pflegearbeiten notwendig. Ein kompletter Wasserwechsel oder regelmäßiges Schrubben von Steinen und Folie ist häufig erst die Ursache vieler Probleme am Teich und sollte vermieden werden.*

Verbinden Sie die Arbeiten am Teich mit der Beobachtung von Pflanzen und Tieren und Sie entdecken mit Sicherheit viele erstaunliche Neuigkeiten.

1 Januar/Februar In den Wintermonaten haben Sie Zeit, um über die Neugestaltung Ihres Wassergartens nachzudenken. Jegliche Aktivitäten am Teich stören die Tiere und Pflanzen in ihrer Winterruhe. Schlagen Sie kein Loch in die Eisdecke, da Ihre Fische dies kaum überleben würden.

Teichschere

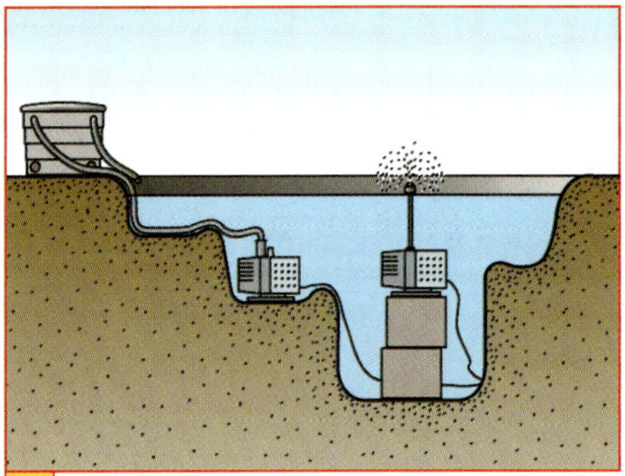

2 März/April Mit Beginn der biologischen Aktivität im zeitigen Frühjahr kommt die Teichtechnik wieder zum Einsatz. Filter und Pumpen werden jetzt aus dem Keller geholt und in den Teich gesetzt. Zudem ist jetzt der beste Zeitpunkt, verwelkte und abgestorbene Pflanzenteile zu entfernen und neue Pflanzen einzusetzen.

3 Mai/Juni Bei Fischbesatz ist eine regelmäßige Messung von pH-Wert und Karbonathärte (siehe Seite 43) zu empfehlen und gegebenenfalls sind Korrekturmaßnahmen einzuleiten. Anfang Mai kann man wärmebedürftige Schwimmpflanzen wie die Wasserhyazinthe oder den Wassersalat einpflanzen.

Eisfreihalter

Kescher

Teichpflanzen wirken auch im Winter sehr attraktiv und sorgen gleichzeitig für den Gasaustausch (siehe Foto).

4 **Juli/August** In der warmen Jahreszeit sind vor allem Fadenalgen abzukeschern und die Schwämme von Filtern und Pumpen zu reinigen. An heißen Sommertagen können bis zu 3 cm Wasser verdunsten. Gleichen Sie den Verlust am besten durch Leitungs- oder Brunnenwasser aus.

5 **September/Oktober** Verwelkte Seerosenblätter und -blüten können mit speziellen Teichzangen einfach entfernt werden. Ein Laubschutznetz bewahrt den Teich vor viel organischem Material. Stark wuchernde Pflanzen können reduziert werden. Schauen Sie bei Ihren Fischen auf mögliche Krankheitssymptome.

6 **November/Dezember** Teichpumpen werden abgeschaltet und eingelagert. Die Filteranlage sollte jetzt gereinigt und an einem frostfreien Ort aufbewahrt werden. Für den Gasaustausch zwischen Teich und Umgebungsluft dienen die langen Pflanzenhalme und Eisfreihalter aus Styropor.

Pflanzen und Tiere

Wie bereits in vorhergehenden Kapiteln beschrieben, nehmen die Pflanzen (hier jeweils nach botanischen Namen sortiert) eine herausragende Stellung am und im Gartenteich ein.

Sie prägen das Aussehen des Wassergartens und machen erst ein biologisches Gleichgewicht möglich.

Da eine ganze Reihe der einheimischen Pflanzen unter Naturschutz steht, verbietet sich das Entnehmen aus dem natürlichen Lebensraum.

Wassertiere stellen sich meist nach kurzer Zeit von selbst ein. Neben Wasserläufern, Rückenschwimmern und Libellenlarven sind es vor allem Schlamm- und Posthornschnecken, die den Teich besiedeln. Auch Vögel nutzen das kühle Nass für ein erfrischendes Bad. Mit etwas Glück und dem richtigen Standort lassen sich zudem Molche und Gelbrandkäfer finden. Zum Schutz dieser Tiere sollten Sie auf chemischen Pflanzenschutz am Teich verzichten.

Uferrandzone – Pflanzen im Grenzbereich

***Die Uferrandzone hat keinerlei direkte Verbindung** zum Wasser. Die Pflanzen, die dort angesiedelt werden, sollten jedoch zu diesem Lebensraum passen. Dies bedeutet, dass bei längeren Trockenperioden ein regelmäßiges Wässern notwendig ist. Beschränken Sie sich bei der Auswahl für diesen Standort nicht nur auf Stauden, sondern verwenden Sie auch kleinere Gehölze wie z.B. den roten Fächerahorn (*Acer palmatum *'Atropurpureum') oder Rhododendron-Arten. Besonders reizvoll wirken am Teichrand Zwiebelpflanzen wie Krokusse und Narzissen, die bereits im zeitigen Frühjahr für etwas Farbe sorgen.*

Gewöhnlicher Wasserdost
Eupatorium cannabinum
Blüte: VII–IX, rosa
Standort: sonnig bis halbschattig
Höhe: 100–120 cm
Er ist eine gute Insektenfutterpflanze.

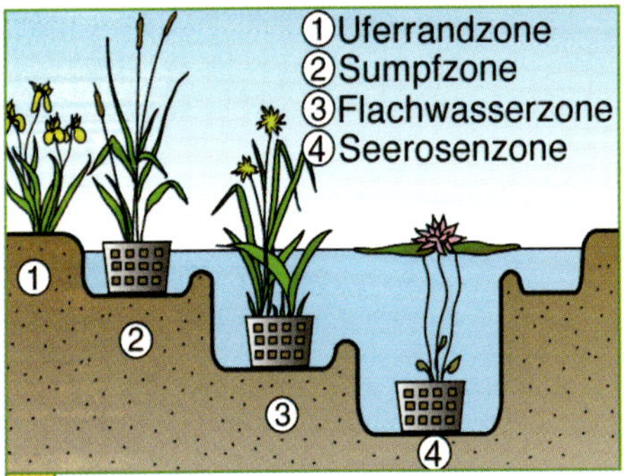

Tiefenzonen auf einen Blick Wie im Garten, so stellt jede Pflanze auch am Teich unterschiedliche Ansprüche an ihren Standort. Hier spielt vor allem die richtige Wassertiefe eine entscheidende Rolle. Aus diesem Grund wird der Wassergarten bereits beim Bau in verschiedene Tiefenzonen eingeteilt. In der Regel unterscheidet man dabei zwischen Uferrand-, Sumpf-, Flachwasser- und Seerosenzone.

Echtes Mädesüß
Filipendula ulmaria
Blüte: VI–VIII, gelblich weiß
Standort: sonnig bis halbschattig
Höhe: 100–150 cm
Die Blütenrispen duften nach Honig. Vermehrt sich durch Selbstaussaat.

Die Pflanzen in der Uferrandzone bilden den Rahmen um den Gartenteich.

Funkie/Hosta
Hosta
Blüte: VI–XI, weiß, blasslila bis violett
Standort: halbschattig bis schattig
Höhe: 5–70 cm
Blattschmuckpflanze mit blauen bis lindgrünen Blättern, auch golden, gelb oder weiß gestreift.

Münzkraut
Lysimachia nummularia
Blüte: V–VII, gelb
Standort: sonnig
Höhe: 5 cm
Ist ein guter Bodendecker.

Blutweiderich
Lythrum salicaria
Blüte: VII–IX, rosarot
Standort: sonnig bis halbschattig
Höhe: 100–150 cm
Ein leuchtend roter Dauerblüher, der bei Bienen und Schmetterlingen beliebt ist.

Schlangenknöterich
Polygonum bistorta
Blüte: V–VIII, rosa
Standort: sonnig bis halbschattig
Höhe: 60–80 cm
Er breitet sich schnell aus.

Sumpfzone für Rohrkolben und Co.

Pflanzen für die Sumpfzone gedeihen *meist noch bei Wassertiefen bis zu 20 cm sehr gut. Die Auswahl an unterschiedlichen Arten ist in diesem Bereich besonders groß. Stellen Sie eine bunte Mischung aus verschiedenen Blattformen, Blütenfarben und Wuchshöhen zusammen.*

Bei Teichen unter 20 m² kann die Pflanzung von Rohrkolben oder verschiedenen Binsen schon nach kurzer Zeit zu einem echten Problem werden. Der Ausbreitungsdrang dieser Pflanzen ist oft so groß, dass die Vielfalt schnell auf der Strecke bleibt und der Wassergarten sehr pflegeintensiv wird.

Kalmus
Acorus calmus 'Variegatus'
Blüte: V–VI, grünlich weiß
Standort: sonnig
Höhe: bis zu 60 cm
Die Heilpflanze besitzt einen irisartigen Wuchs.

NAME *BOTANISCHER NAME*	BLÜTEMONAT, FARBE
Bachbunge *Veronica beccabunga*	V–VIII, dunkelblau
Blaue Gauklerblume *Mimulus ringens*	VI–VIII, hellblau
Echte Brunnenkresse *Nasturtium officinale*	V–IX, weißlila
Gewöhnlicher Wassernabel *Hydrocotyle vulgaris*	VI–VIII, weißrosa
Lobelie *Lobelia siphilitica*	VII–X, hellblau
Scheidenwollgras *Eriophorum vaginatum*	IV–V, weiß bis braun
Sumpfcalla *Calla palustris*	VI–VII, weiß
Sumpfdotterblume *Caltha palustris*	IV–V, gelb
Sumpfwolfsmilch *Euphorbia palustris*	V–VI, grüngelb
Wasserminze *Mentha aquatica*	VII–X, hellviolett
Wechselblättriges Milzkraut *Chrysosplenium alternifolium*	IV–V, gelbgrün
Zwergbinse *Juncus ensifolius*	VI–VIII, braun
Zwergrohrkolben *Typha minima*	V–VI, schwarzbraun

Die Sumpfzone zeichnet sich durch schöne Blütenstauden aus.

Japanische Sumpfiris
Iris laevigata
Blüte: VII–VIII, blau und weitere Farben
Standort: sonnig bis halbschattig
Höhe: 60–80 cm
Hat eine attrakive Blüte und ist auch für kleine Teiche geeignet.

Sumpfvergissmeinnicht
Myosotis palustris
Blüte: V–VIII, hellblau
Standort: sonnig bis halbschattig
Höhe: 30 cm
Es vermehrt sich durch Selbstaussaat.

WUCHSHÖHE	STANDORT	ANMERKUNGEN
20–30 cm	sonnig bis halbschattig	passt zu Iris-Arten
60–80 cm	sonnig bis halbschattig	–
40–50 cm	sonnig bis halbschattig	–
10–15 cm	halbschattig bis schattig	kriechende Wuchsform
40–80 cm	sonnig bis halbschattig	–
30–50 cm	sonnig	Moorpflanze
20–30 cm	sonnig bis halbschattig	rote, giftige Fruchtstände
20–30 cm	sonnig bis halbschattig	Frühblüher
50–150 cm	sonnig bis halbschattig	rote Herbstfärbung
30–50 cm	sonnig	Blätter duften nach Minze
10 cm	halbschattig bis schattig	heimische Sumpfstaude
25–50 cm	sonnig bis halbschattig	Binse für jeden Teich
40–60 cm	sonnig	kurzer Blütenstand

Flachwasserzone – mehr als nasse Füß

***Die so genannte Flachwasserzone** beginnt etwa bei einer Tiefe von 20 cm und reicht bis etwa 50 cm. Bei der Auswahl der Pflanzen gelten die gleichen Punkte, die schon bei der Sumpfpflanzenzone (siehe Seite 54)angesprochen wurden. Da sich fast alle Wasserpflanzen durch rasches Wachstum auszeichnen, müssen sie regelmäßig reduziert werden. Im Winter erfolgt über die Pflanzenstiele ein Gasaustausch, der für den notwendigen Sauerstoff im Teich auch bei geschlossener Eisdecke sorgt. Die Larven der Libellen nutzen diese auch als Ort für ihre Verpuppung. Die leeren Hüllen, die an den Stielen hängen, sind stumme Zeugen.*

Froschlöffel
Alisma plantago-aquatica
Blüte: VI–IX, weiß bis rosa
Standort: sonnig bis halbschattig
Höhe: 70 cm
Die Pflanze sät sich stark aus.

NAME *BOTANISCHER NAME*	BLÜTEMONAT, FARBE
Blumenbinse *Butomus umbellatus*	VI–VIII, rosa
Einfacher Igelkolben *Sparganium emersum*	VI–IX, weißlich grün
Gewöhnliche Seesimse *Schoenoplectrus lacustris*	VI–VIII, schwarzbraun
Gewöhnlicher Igelschlauch *Baldellia ranunculoides*	VI–VIII, weiß bis rosa
Gewöhnliches Pfeilkraut *Sagittaria sagittifolia*	VI–VII, weiß
Goldkeule *Orontium aquaticum*	V–VI, gelb
Grasblättriges Pfeilkraut *Sagittaria graminea*	VI–VIII, weiß
Großer Wasserschwaden *Glyceria maxima 'Variegata'*	VII–VIII, weiß
Herzblättriges Hechtkraut *Pontederia cordata*	VII–VIII, blau
Langes Zypergras *Cyperus longus*	VII–X, bräunlich
Tannenwedel *Hippuris vulgaris*	VII–VIII
Zebrateichsimse *Schoenoplectus tabernaemontani 'Zebrinus'*	VI–VII, braun
Zungenhahnenfuß *Ranunculus lingua*	VI–VIII, gelb

Neben vielen Pflanzen fühlen sich zahlreiche Wassertiere in dieser Zone wohl.

Schachtelhalm
Equisetum hyemale var. *robustum*
Standort: sonnig bis halbschattig
Höhe: bis zu 150 cm
Schachtelhalm ist eine robuste Urzeitpflanze.

Fieberklee
Menyanthes trifoliata
Blüte: V–VI, rötlich weiß
Standort: sonnig bis halbschattig
Höhe: 15–30 cm
Er wächst mit Rhizomen in tiefere Bereiche.

WUCHSHÖHE	STANDORT	ANMERKUNGEN
80–100 cm	sonnig	heimische Wasserpflanze
30–60 cm	sonnig	starke Ausbreitung
130–150 cm	sonnig bis halbschattig	starke Ausbreitung
40–50 cm	sonnig bis halbschattig	selbstaussäend
50–70 cm	sonnig bis halbschattig	–
30–40 cm	sonnig	Tiefwurzler
80–90 cm	sonnig bis halbschattig	frostgefährdet
40–50 cm	sonnig bis halbschattig	stark wuchernd
50–60 cm	sonnig bis halbschattig	attraktive Pflanze
100–120 cm	sonnig bis halbschattig	–
30–40 cm	sonnig bis halbschattig	starke Ausbreitung
100–120 cm	sonnig bis halbschattig	hoher Zierwert
80–100 cm	sonnig bis halbschattig	lange Ausläufer

Seerosenzone – nur für „Schwimmer“

***Die Seerose ist die Königin unter den Teichpflanzen** und darf in keinem Wassergarten fehlen. Ihr Farbspektrum reicht von Dunkelrot bis Gelb und von Pink bis Weiß. Auch bei den Wassertiefen und der Wüchsigkeit sind die Unterschiede recht groß. Bei Teichen unter 20 m² ist unbedingt eine schwächerwüchsige Art vorzuziehen, da der Teich sonst innerhalb weniger Jahre von Seerosen überwuchert ist. Besonders problematisch sind die oft armdicken Wurzeln, die sich dann kaum noch entfernen lassen. Andere Unterwasserpflanzen wie das Hornkraut sind wichtige Sauerstofflieferanten.*

Hornkraut
Ceratophyllum demersum
Standort: sonnig bis halbschattig
Wasserstand: 30–100 cm
Es besitzt eine unscheinbare Blüte, dafür aber lange frei flutende Ranken.

NAME *BOTANISCHER NAME*	BLÜTEMONAT, FARBE
Armleuchtergewächs *Nitella flexilis*	–
Dreifurchige Wasserlinse *Lemna trisulca*	V–VI
Europäischer Froschbiss *Hydrocharis morsus-ranae*	VII–VIII, weiß
Gewöhnliche Wassernuss *Trapa natans*	VI–VIII, unscheinbar
Gewöhnlicher Wasserhahnenfuß *Ranunculus aquatilis*	VII–IX, weiß
Kanadische Wasserpest *Elodea canadensis*	unscheinbar
Krauses Laichkraut *Potamogeton crispus*	VI–IX, bräunlich
Seekanne *Nymphoides peltata*	VII–VIII, gelb
Seerosen-Hybriden *Nymphaea x hybrida*	VI–IX, weiß, rosa, rot, gelb
Sumpfwasserstern *Callitriche palustris*	VI–VIII, weiß
Wasserhyazinthe *Eichhornia crassipes*	VII–VIII, blau
Wasserknöterich *Persicaria amphibia*	VII–VIII, rot
Wassersalat *Pistia stratiotes*	–

Von den Seerosen gibt es sogar duftende Sorten, z.B. *Nymphaea* 'Rosennymphe'.

Weiße Seerose
Nymphaea alba
Blüte: V–IX, weiß
Standort: sonnig
Wasserstand: 50–180 cm
Sie ist sehr robust und breitet sich schnell aus.

Krebsschere
Stratiotes aloides
Blüte: V–VI, weiß
Standort: sonnig bis halbschattig
Wasserstand: bis zu 150 cm
Sie wächst rosettenartig.

WASSERSTAND	STANDORT	ANMERKUNGEN
ab 30 cm	–	immergrünes Algengewächs
–	sonnig	direkt auf Wasseroberfläche
ab 30 cm	sonnig	herzförmige Blätter
30–80 cm	sonnig bis halbschattig	essbare Blüte
20–60 cm	sonnig	teppichbildend
bis zu 100 cm	sonnig bis halbschattig	stark wuchernd
50–60 cm	sonnig bis halbschattig	–
50–60 cm	sonnig bis halbschattig	–
30–120 cm	sonnig	unterschiedlichste Sorten
20–60 cm	sonnig bis halbschattig	wintergrün, für Gefäße geeignet
ab 20 cm	sonnig	Schwimmpflanze, nicht winterhart
10–40 cm	sonnig	Ausläufer bildend
ab 20 cm	sonnig	Schwimmpflanze, nicht winterhart

Tiere im und am Teich

***Tiere am Gartenteich bringen Leben in das Gewässer** und sind zugleich faszinierende Beobachtungsobjekte. Das Schlüpfen einer Libellenlarve, die Wandlung einer Kaulquappe zum Frosch oder Fische bei der Nahrungssuche zu beobachten, sind oft bleibende Erlebnisse. Die hier angesprochenen Tierarten sind nur ein kleiner Ausschnitt dessen, was ein Gartenteich bieten kann.*

Beachten Sie bei aller Tierliebe, dass gerade Fische einen ausreichend großen Lebensraum brauchen (siehe Seite 43). Besonders gilt dies für die in letzter Zeit in Mode gekommenen Koi-Karpfen.

Fantastische Libellen Sie zählen auf Grund ihrer Größe und dem oftmals farbenprächtigen Körper zu den auffälligsten Insekten. Im Larvenstadium verbringen die Tiere 1–3 Jahre im Wasser und wirken dort mit ihren großen Augen und langen Körpern etwas furchterregend. Libellen besitzen keinen Giftstachel.

Wasserläufer Diese nutzen zur Fortbewegung die Oberflächenspannung des Wassers, sind aber auch in der Lage zu fliegen. Mit Hilfe ihrer großen Augen suchen sie nach Kleininsekten, die ihnen als Nahrung dienen. Das dichte Haarkleid enthält Luftpolster, die das Überleben auf der Wasseroberfläche sichern.

Spitzschlammschnecken Die Schnecken bzw. deren Eier werden meist durch Wasserpflanzen mit in den Teich gebracht. Sie ernähren sich von Fadenalgen und abgestorbenen Pflanzenteilen. Die ebenfalls häufig vorkommende Posthornschnecke ist leicht an ihrem fünfgängigen flachen Gehäuse zu erkennen.

Fischreiher lassen sich oftmals mittels „Artgenosssen“ aus Kunststoff oder Keramik abschrecken.

Der Grasfrosch Er ist unter der Vielzahl der Froscharten am wahrscheinlichsten am Teich anzutreffen. Das Ablaichen beginnt im März und bereits vier Wochen später finden sich erste Kaulquappen. Diese verlassen nach etwa drei Monaten das Gewässer und kehren meist nach drei Jahren zurück.

Beliebte Goldfische Sie zählen zur Familie der Karpfenfische und gelten als friedliche Schwarmfische. Da sie ständig den Bodengrund nach Fressbarem durchwühlen, ist eine gewisse Trübung des Wassers vorprogrammiert.

Die Goldorfe Diese ist im Gegensatz zu den meisten anderen Fischarten häufig an der Oberfläche des Gewässers zu finden. Diese Eigenschaft und die ansprechende Farbe machen sie zu einem idealen Teichbewohner. Der friedliche Schwarmfisch ernährt sich von weichen Pflanzenteilen und jeglicher Art Lebendfutter.

Moderlieschen Es steht oft zu Unrecht im Schatten von Goldfisch und Co. Der Körper des kleinen Fisches glänzt silberblau und am Rücken befinden sich grünbraune Streifen. Er ist ein ausgesprochener Schwarmfisch und sollte deshalb immer nur in Gruppen von mindestens sechs Tieren gehalten werden.

Anhang

KOSMOS-BÜCHERTIPPS

Beck, P.: Die schönsten Miniwassergärten. 1997.
Beck, P.: Gartenteiche anlegen, pflegen, genießen. 2000.
Beck, P.: Treffpunkt Wassergarten. 1999.
Helberg, T.: Wassergärten. 1995.
Schimana, W.: Wassergärten. 2. Aufl. 2001.

BEZUGSQUELLEN

Becken, Folien, Dichtmaterialien und dekoratives Ambiente für Ihren Gartenteich erhalten Sie im örtlichen Fachhandel, im Garten- und Zoofachhandel. Geeignete Pflanzen, Fische, Technik (Pumpen, Filter) und Wassertests gibt es ebenfalls dort. Sie finden die Adressen im Branchenfernsprechbuch.
In einschlägigen Gartenzeitschriften und auch im Internet können Sie sich über das Angebot von speziellen Anbietern informieren.

REGISTER

BILDNACHWEIS

Mit 41 Farbfotos von Tierbildarchiv Angermayer/Pfletschinger, Holzkirchen (S. 60 uli); Peter Beck, Stuttgart (S. 53 oli); Ursel Borstell, Essen (S. 3 o, 34/45); Heissner AG, Lauterbach (S. 46); Wolfgang Redeleit, Bienenbüttel (S. 7, 11, 12, 27, 37, 49); Reinhard-Tierfoto, Heiligkreuzsteinach (S. 3 u, 9, 38, 50/51, 52 beide, 53 ore, 54, 55 re, 59 beide, 61 ore, 61 uli, 61 ure); Manfred Ruckszio, Taunusstein (S. 29, 53 ure, 58, 61 oli); Friedrich Strauß, Au/Hallertau (S. 1, 2 beide, 4/5, 14/15, 53 uli, 55 li, 56, 57 beide); Peter Zeininger, Lohof (S. 60 o, 60 ure).

Mit 188 Farbzeichnungen von Horst Lünser, Berlin.

Alle Angaben in diesem Buch sind sorgfältig geprüft und geben den neuesten Wissensstand bei der Veröffentlichung wieder. Da sich das Wissen aber laufend und in rascher Folge weiterentwickelt und vergrößert, muss jeder Anwender prüfen, ob die Angaben nicht durch neuere Erkenntnisse überholt sind. Dazu muss er zum Beispiel Beipackzettel lesen und genau befolgen, sowie Gebrauchsanweisungen und Gesetze beachten.

KOSMOS
Postfach 10 60 11
D-70049 Stuttgart
TELEFON +49 (0)711-2191-0
FAX +49 (0)711-2191-422
WEB www.kosmos.de
E-MAIL info@kosmos.de

Mit 42 Farbfotos, 191 Farbzeichnungen.

Umschlaggestaltung von eStudio Calamar, Spanien unter Verwendung von einem Foto von Friedrich Strauß und drei Zeichnungen von Horst Lünser.

Die Deutsche Bibliothek – CIP-Einheitsaufnahme
Ein Titelsatz für diese Publikation ist bei der Deutschen Bibliothek erhältlich

Gedruckt auf chlorfrei gebleichtem Papier.

ISBN 3-440-08982-7
Redaktion und Bildredaktion: Christiane Theis
Grundlayout: eStudio Calamar
Gestaltung: Christiane Theis
Produktion: Ralf Paucke/Heiderose Stetter
Satz: VerlagsService, Dr. Helmut Neuberger & Karl Schaumann GmbH, Heimstetten
Reproduktion: Repro Schmidt, Dornbirn
Druck und Bindung: Jos. C. Huber KG, Dießen
Printed in Germany / Imprimé en Allemagne